Mineralia

Cristales y piedras preciosas de todo el mundo

Copyright © 2004 de la edición original: Losange

Dirección editorial de la edición original: Hervé Chaumeton y Jean Arbeille
Maquetación de la edición original: Nathalie Lachaud, Francis Rossignol e Isabelle Véret
Fotograbado: Stéphanie Henry, Chantal Mialon

Copyright © 2007 de la edición en español:
Parragon Books Ltd
Queen Street House
4 Queen Street
Bath BA1 1HE, UK

Traducción del francés: Carlos Chacón Zabalza para LocTeam, S. L., Barcelona
Redacción y maquetación de la edición en español: LocTeam, S. L., Barcelona

ISBN: 978-1-4075-0302-8

Printed in China

Mineralia

Cristales y piedras preciosas de todo el mundo

Jean-Paul Poirot

Bath · New York · Singapore · Hong Kong · Coogne · Dehi · Melbourne

Elementos nativos

Oro, plata, cobre, carbono, azufre...

Sulfuros y sulfosales

Pirita, andorita, marcasita, galena, cinabrio...

Haluros

Fluorita, rubí, zafiro, hematites, criolita...

Óxidos e hidróxidos

Ópalo, amatista, cuarzo, calcedonia...

Carbonatos y boratos

Calcita, aragonito, dolomita, malaquita, bórax...

SULFATOS, CROMATOS, MOLIBDATOS Y WOLFRAMATOS

Baritina, calcantita, yeso, crocoíta...

FOSFATOS, ARSENIATOS Y VANADATOS

Adamita, lazulita, piromorfita, turquesa...

SILICATOS

Topacio, berilo, caolinita, circón, esmeralda...

COMPUESTOS ORGÁNICOS

Nácar, ámbar, mellita, whewellita...

VIAJE AL MUNDO DE LOS MINERALES

Basta con mirar alrededor para darse cuenta de la omnipresencia de los minerales. ¿Quién no ha observado esos ejemplares de tono gris blanquecino y forma más o menos rectangular que suelen presentar una zonación concéntrica, entre el fondo granuloso de algunas piedras utilizadas como bordillo de acera? ¿Quién no ha observado esos ejemplares azulados, iridiscentes hacinados en algunas placas de piedra dispuestas en algunos escaparates? Esos ejemplares son minerales, cuya asociación da lugar a las piedras que se denominan *rocas*. ¿Quién no ha observado, al pasear por peñascos, esos minerales hacinados entre sí, sin orden aparente en la textura granulosa de los granitos, o que forman alineamientos más o menos acentuados en gneis, o aquéllos ahogados en la masa negra y vítrea de los basaltos, etc.? En ocasiones, las condiciones en las que surgen estos minerales les permiten crecer libremente y desarrollar facetas naturales, principalmente en las geodas, cavidades más o menos importantes situadas en el seno de diversas rocas. ¿Quién no ha observado en sílex de acantilados cretáceos pequeñas cavidades cubiertas de minúsculos cristales cuyas facetas brillan al sol? Sin embargo, una geoda también puede ser inmensa y alcanzar, a veces, el tamaño de una sala de conciertos: los buscadores de cristales alpinos suelen llamar *hornos* a las geodas en las cuales puede entrar una persona.

Los cristales bien formados y fácilmente detectables a simple vista (cristales macroscópicos) siempre han gozado de especial admiración. La rigurosa orientación de sus facetas, las unas respecto de las otras, desvela su no menos rigurosa organización interna, organización que, sin embargo, no está exenta de accidentes (irregularidad local –dislocación o hueco estructural– vinculada a un error puntual en la construcción reticular, comparable a un accidente en el tejido de un textil; presencia puntual en la red de un elemento ajeno a la constitución química del mineral, comparable a la introducción de un trocito de hilo diferente en la trama de un tejido). Dichos accidentes suelen producirse tras alguna tensión durante el crecimiento cristalino y ponen de relieve la vida que emana de un mineral, haciéndolo único mediante la introducción de matices de colores repartidos de distintas formas. Durante su cristalización, el mineral también puede incorporar alguna impureza ya existente o formar en su interior una cavidad cristalina que se llena de los fluidos que rodeaban al mineral en ese momento, todas ellas inclusiones microscópicas que informan sobre sus condiciones de nacimiento y caracterizan la situación original de su formación.

Este libro le invita a descubrir minerales que han tenido la suerte de desarrollarse libremente como cristales bien formados, es decir, seres excepcionales, ya que la gran mayoría de los minerales crecen apiñados unos contra otros en distintas rocas, debido a la limitación que les supone la presencia de sus vecinos. Las fotografías no muestran los ejemplares más destacables, sino los que podría encontrar en cualquiera de sus peregrinaciones, principalmente en las ferias de minerales. Son una manifestación más de la vida de nuestro planeta.

El itinerario que proponemos es de tipo fundamentalmente estético. Recorreremos un camino que sigue a grandes rasgos la clasificación cristaloquímica comúnmente admitida en la actualidad por los mineralogistas, pero los comentarios se reducen al mínimo para dejar que el visitante se impregne de la individualidad de cada uno de los minerales presentados. En cualquier caso, el lector encontrará anexadas varias páginas que contienen la fórmula cristaloquímica de dichos minerales y el lugar que ocupan en la clasificación habitual, así como algunos datos relativos a sus propiedades.

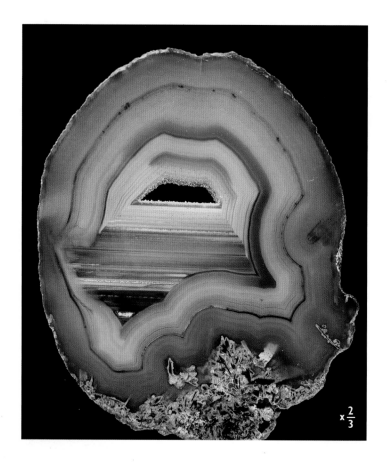

$\times \frac{2}{3}$

Geoda de ágata, tapizada interiormente de finos cristales de cuarzo.

MINERAL - CRISTAL

El rey mítico de Creta, Minos, hijo de Zeus y de Europa, impuso a los griegos un tributo anual de siete jóvenes de cada sexo que debían ser entregados al Minotauro; probablemente el término latino *minare* ('expulsar') perpetúa esa tragedia. Durante la Antigüedad tardía, los buscadores de oro denominaron *minae* a los filones auríferos, que el latín medieval traspuso como *minera* ('mina'), y posteriormente derivó en *mineralis* y *mineral*.

Cuando un griego tiritaba a causa del cierzo invernal decía *kryoô*, que significa 'me congelo', y de ahí procede el sustantivo *kryos* para referirse al 'frío'. Naturalmente el agua congelada pasó a designarse en griego *krystallos*, que se traduciría como 'lo que produce *(talle)* el frío'. Frío al tacto como el hielo, el prisma hexagonal piramidal de cuarzo que emerge en forma de montaña dentro de una geoda se considera un hielo que el tiempo ha estabilizado y, por lo tanto, recibe el nombre de *cristal*.

Marbode, obispo de Rennes hacia el año 1000, escribió el siguiente epitafio: «El cristal, supuestamente, no es más que un bloque de hielo cuya superficie han endurecido los siglos, según algunos sabios que señalan acertadamente que se caracteriza por el estado y el frío de un hielo». Todos los cuerpos que presentaban una forma geométrica en estado natural pasaron a englobarse bajo el término de *cristal*, que pronto designó también y de manera genérica los materiales constitutivos de esos cuerpos, de ahí la necesidad de precisar: cristal de roca (cuarzo incoloro), de esmeralda, etc. Dichos cristales suelen emerger límpidos de los filones, como yemas transparentes arraigadas por una parte entre traslúcida y opaca, de ahí las expresiones «cristal de calidad gema» (del latín *gemma*, 'yema') y «raíz de amatista», etc.

No fue hasta la Edad Media cuando los vidrieros comenzaron a obtener un vidrio incoloro y brillante incorporando plomo a la pasta de vidrio; por su parecido con el cristal de roca, lo denominaron *cristal*. Actualmente, el cristal, por ejemplo el de Bohemia, contiene más del 17 % de plomo; un vidrio con menos del 17 % de plomo se denomina *cristalino*; y si encierra más del 24 % de plomo, es un *supercristal*.

Cuarzo amatista.

Arriba: cubos de crecimiento de fluorita.
Abajo: exfoliaciones de calcita.

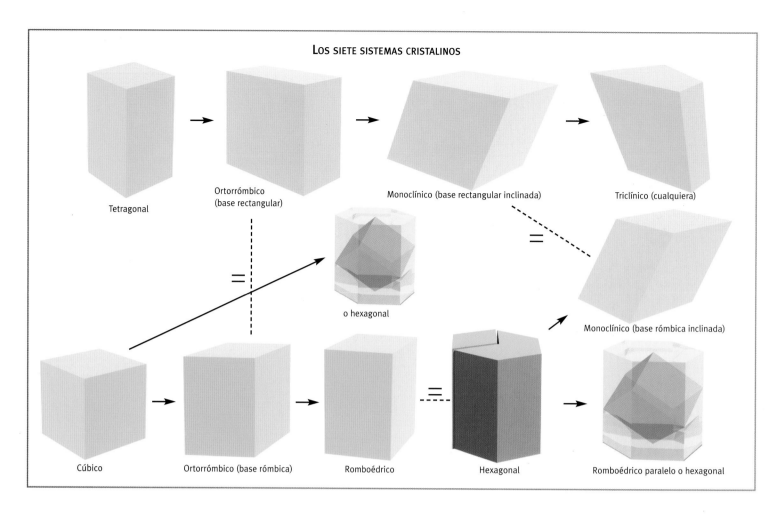

LOS SIETE SISTEMAS CRISTALINOS

Tetragonal

Ortorrómbico
(base rectangular)

Monoclínico (base rectangular inclinada)

Triclínico (cualquiera)

o hexagonal

Monoclínico (base rómbica inclinada)

Cúbico

Ortorrómbico (base rómbica)

Romboédrico

Hexagonal

Romboédrico paralelo o hexagonal

La extracción de sal marina del alumbre permitía obtener cristales artificiales. Hoy en día la producción de cristales de cualquier naturaleza ya es habitual; a diferencia de los minerales, los cristales no son necesariamente naturales. Además, también se puede modificar un cristal natural mediante diversos procedimientos, por ello, ante un cristal cabe preguntarse: ¿es natural? ¿o bien se trata de un *Ersatz* (imitación), una síntesis (artificial) o un tratamiento (modificación)?

Algunos cristales pueden dividirse mediante una fractura orientada según determinadas direcciones denominadas *direcciones de exfoliación*. Repetida en todas sus direcciones posibles, la exfoliación genera un paralelepípedo simple: romboedro en el caso de la calcita, cubo en el de la galena... Así, un cristal puede considerarse el apilamiento, en las tres dimensiones del espacio, de uno de esos paralelepípedos, de los cuales el más pequeño posible es la llamada *red cristalina*: el contenido reticular se repite hasta el infinito y el conjunto de las redes forma una red similar a un tejido de punto. Las siete formas posibles de malla permiten definir siete sistemas cristalinos, que confirman las configuraciones cristalinas externas: cúbico (cubo), tetragonal (cubo estirado o aplanado de forma paralela a una cara), ortorrómbico (cubo estirado o aplanado de forma paralela a dos caras adyacentes o dos vértices opuestos), romboédrico (cubo estirado o aplanado según una diagonal) equivalente a hexagonal (cubo aplanado según dos aristas opuestas que transforman sus dos caras perpendiculares en dos rombos con vértices en ángulos de 60° y 120° y, eventualmente, estirado o aplanado en paralelo a dichas caras), monoclínico (ortorrómbico inclinado en paralelo a una cara) y triclínico (ortorrómbico inclinado oblicuamente respecto a las caras o cualquier paralelepípedo). Las técnicas de difracción de rayos X han permitido probar la existencia de estas redes y especificar la disposición de los átomos que las constituyen, lo que da como resultado 32 grupos repartidos en los siete sistemas cristalinos: algunos grupos tienen una simetría inferior a la de la red geométrica, lo cual se traduce en características macroscópicas, como la orientación de las estrías en la superficie de un cubo de pirita (véase la página 24, fig. 9).

Un cristal no presenta necesariamente dos caras planas, ya que puede ver constreñido su crecimiento por los cristales vecinos, cosa que sucede en las rocas cristalinas, como el granito, donde el cuarzo llena los espacios que quedan libres entre los feldespatos. Un cristal se caracteriza por su *motivo* (disposición y cohesión, es decir, enlaces del contenido atómico de su red) repetido hasta el infinito en las tres dimensiones. Ese motivo es el responsable de los aspectos morfológicos de un cristal (su hábito) y de las diferentes propiedades, como exfoliación, dureza, fragilidad, densidad, brillo, piezoelectricidad y piroelectricidad, magnetismo y radiactividad. Los accidentes ocurridos en la regularidad de esa disposición (dislocaciones locales, como el desdoblamiento localizado de una sucesión de redes; cavidades estructurales, es decir, ausencia puntual de una red; sustituciones isomórficas, esto es, sustitución local de un ión o de un átomo por otro de prácticamente el mismo tamaño; elementos intersticiales, a saber, presencia en las posibles cavidades estructurales de

Macla en cruz latina de estaurolita llamada *cruz de Bretaña*.

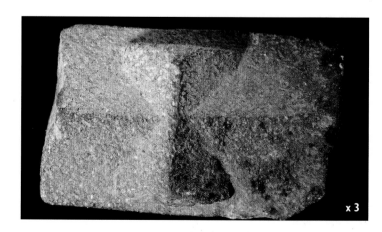

x 3

x 30

x 5

Izquierda: fragilidad química de un diamante de 0,53 quilates caído accidentalmente en una fogata y quemado más o menos profundamente según su menor o mayor pureza química (vinculada a sus distintos periodos de crecimiento revelados así de manera involuntaria).
Arriba: fragilidad mecánica de un diamante de 1,20 quilates exfoliado accidentalmente (1,11 + 0,09 quilates) a causa de una caída. Un enganche del engaste ha hecho las veces de cuchilla exfoliadora.

iones, radicales o incluso moléculas ajenas) suelen determinar el color y/o las propiedades electroconductoras del mineral.

Durante su crecimiento, un mineral puede formar dos cristales orientados simétricamente respecto a una dirección cristalina privilegiada: entonces se dice que esos dos elementos están *maclados* y forman una *macla*. Existen diversos tipos de maclas. Un mineral suele poseer una o dos maclas características.

Dureza – fragilidad

La dureza de un cristal es su aptitud para soportar la fricción (rayadura, desgaste), mientras que su fragilidad es su capacidad de resistencia a los impactos (mecánicos, térmicos o químicos). Los cristales duros suelen ser frágiles, por ejemplo, los diamantes no se rayan pero se exfolian, y, según los impactos recibidos, se tallan o se fragmentan.

La evaluación de la fragilidad es subjetiva en mineralogía, ya que depende de demasiados factores (cruceros, inclusiones, dopados); además, para realizar las mediciones es preciso destruir las muestras analizadas. En ocasiones, un cristal con escarchas secas (fisuras) se consolida mediante una masilla, plástica o vítrea, infiltrada artificialmente en esas fisuras. También es posible reparar un cristal fracturado accidentalmente con masilla.

Por lo general, en mineralogía la evaluación de la dureza sólo es cualitativa: un mineral que raya a otro es más duro que éste y dos que se rayan mutuamente tienen una dureza equivalente. En tal caso, basta con tomar muestras de referencia para analizar cada mineral. La escala cualitativa consensuada está constituida por diez minerales propuestos por el físico Friedrich Mohs (1773-1839), numerados del 1 al 10 desde el más blando, que es rayado por todos los demás, al más duro, que ningún otro puede rayar. Se dice que un mineral que raya el patrón 4 y es rayado por el patrón 5 tiene una dureza en la escala de Mohs de 4 1/2, señalada generalmente como H = 4 1/2, del alemán *Härte* (o del inglés *hardness*, 'dureza'). La dureza varía ligeramente y, en ocasiones, de manera considerable (como en el caso de la distena), según la dirección considerada en el cristal; eso es, por ejemplo, lo que permite y rige el pulido del diamante. La escala de Mohs está constituida por:

1 – Talco
2 – Yeso (de 2 a 2 1/2 = dureza de la uña humana)
3 – Calcita
4 – Fluorita
5 – Apatito (dureza aproximada del acero dulce, como los cuchillos antiguos)
6 – Ortoclasa (dureza aproximada del vidrio corriente)
7 – Cuarzo (de 6 1/2 a 7 = límite inferior de las *piedras duras,* el cuarzo constituye la mayoría de los polvos susceptibles de rayar los minerales utilizados en bisutería y adornos)
8 – Topacio (dureza de la espinela sintética)
9 – Corindón (dureza del esmeril)
10 – Diamante

Escala de dureza de Mohs.

① ② ③ ④ ⑤ ⑥ ⑦ ⑧ ⑨ ⑩

Densidad

La densidad mide la cantidad de materia contenida en un volumen unitario del cristal; suele compararse con la del agua (a 4 °C y a presión normal) que se define como 1 y cuyo símbolo es d; se trata, por lo tanto, de la relación de la masa del cristal con la de su volumen de agua. Los minerales más densos (más pesados) son aquéllos cuyos átomos están dispuestos según un apilamiento compacto (página 211), como los óxidos (corindón, d = 4), especialmente si contienen átomos metálicos pesados (casiterita, d = 7), o los sulfuros (galena, d = 7,6); los menos densos «más ligeros» son los que tienen redes con grandes cavidades estructurales, como las zeolitas (chabasita, d = 2,1), o una estructura cristaloquímica suelta, como los tectosilicatos (ortosa, d = 2,6). Así, resulta especialmente sorprendente que el diamante (d = 3,5) se compare con el grafito (d = 2,2).

Brillo

El brillo es la cantidad de luz visible reflejada hacia el observador por la superficie del cristal, en relación con la luz que recibe. Como es lógico, depende del estado de la superficie en cuestión, ya que una cara plana y lisa brilla más que una superficie que no esté pulida (debido a la difusión en todas las direcciones). El brillo también depende de la presencia de electrones libres, es decir, no directamente enlazados a los átomos o a los iones del cristal. En los casos de metales cuya cohesión está garantizada por una nube electrónica común al conjunto del cristal, se refleja la mayor parte de la luz visible recibida, lo cual produce un brillo «metálico». Cuando hay pocos electrones libres o están ausentes (en el caso de los cristales con enlaces exclusivamente covalentes e iónicos, como el diamante y el cuarzo), el brillo depende de la disminución de la velocidad de la luz en el mineral, es decir, de su dificultad para penetrar en él; derivada de la mayor o menor densidad de la materia que lo constituye (y también de los campos electromagnéticos cristalinos generados por sus átomos e iones), aunque por lo general un cristal muestra un brillo más vivo cuanto más denso es. Así, el diamante y el corindón tienen brillos entre adamantino y muy vivo, mientras que el cuarzo sólo posee un brillo vítreo.

Color

El color de un mineral es el resultado de la modificación que provoca en la luz visible por difusión, dispersión, interferencias o absorción.
Difundida en todas las direcciones por grandes partículas respecto a sus longitudes de onda visibles, la luz provoca, según el tamaño, la forma y la orientación de las partículas difusoras, la opalescencia del ópalo común o del cuarzo lechoso,

La escapolita es un mineral alocromo.

Ojo de halcón (crocidolita silicificada).

la aventurescencia (centelleo general) de la venturina, el tornasol (aspecto de una pupila de ojo de gato) del ojo de halcón y de tigre, el asterismo (aspecto de estrella) del zafiro estrellado, ya sea natural o artificial y provocado por tratamientos térmicos, etc.
Tanto más dispersa en un cristal cuanto mayores son las diferencias de velocidad de los distintos rayos de colores (fenómeno vinculado generalmente a una elevada densidad de la materia), la luz blanca produce destellos como los del diamante por la yuxtaposición de sus colores espectrales.

Algunos de sus *colores* (longitudes de onda) se refuerzan, mientras que otros desaparecen cuando la luz choca con una red de planos (desmezcla de feldespatos ortoclasa y plagioclasa) o de canicas (ópalo noble) cuyas dimensiones son similares a las de sus longitudes de onda visibles. La luz blanca genera la adularescencia de la piedra de luna o la iridiscencia del ópalo noble y de la espectrolita.

Dado que algunos colores desaparecen por la absorción cristalina, la luz blanca sólo conserva parte de ellos al salir del cristal y por ello parece coloreada, dando su color a la masa cristalina. Estos fenómenos de absorción son debidos a la presencia de «electrones solitarios», es decir, no unidos a otro electrón; un electrón solitario puede sobrar de un enlace covalente (presencia de nitrógeno o de boro en el diamante), o estar presente en una órbita atómica incompleta que contenga un número impar de electrones. Es el caso de los elementos denominados *cromógenos*, como el cobre, el vanadio, etc. Pueden estar unidos a un ión normalmente presente en la cristaloquímica del mineral, que, al no presentar más que un único matiz cromático, se llama *idiocromo* (malaquita, peridoto, jade nefrita…). En un mineral que fuera incoloro por su composición cristaloquímica teórica, pueden estar unidos a un ión ajeno que ha sustituido a un ión normal del mineral (sustitución isomórfica) o proceder de una dislocación cristalina. Entonces, el mineral puede presentar diversos tonos y matices, y se denomina *alocromo* (diamante, cuarzo, corindón, berilo, turmalinas, etc.).

El color de un mineral alocromo puede modificarse haciendo desaparecer los iones solitarios o cambiándolos de lugar mediante una reorganización de la red provocada por diversos tratamientos térmicos (diamante pardusco o amarillento que se torna incoloro, zafiro incoloro que se torna azul, berilo amarillo salmón que se torna morganita, topacio pardo que se torna rosa, turmalina anaranjada que se torna rubelita rosa, aguamarina verde que se torna azul…), o bien introduciendo electrones solitarios mediante distintas irradiaciones complementadas con un tratamiento térmico (diamante pardusco o amarillento que se torna amarillo, topacio incoloro que se torna azul, cristal de roca transformado en cuarzo ahumado, etc.).

Raya

El color del polvo de un cristal puede constituir una preciada ayuda para la caracterización de los cristales oscuros, especialmente de los óxidos (hematites, etc.) y de los sulfuros y arseniuros (niquelina, etc.), ya que muestra el color real, desprovisto de las empañaduras y las oxidaciones superficiales; la mejor manera de observar el color de este polvo es frotando el mineral sobre una porcelana blanca porosa, de ahí su nombre de *color de la raya*.

Luminiscencia

Colocados bajo luz negra (rayos ultravioletas largos), muchos cristales emiten una luz coloreada visible (luminiscencia), debida a la configuración electrónica de algunos de sus iones o enlaces. Los minerales ferríferos nunca son luminiscentes, ya que el átomo de hierro absorbe las emisiones de sus vecinos mediante el efecto túnel; se considera un «veneno» de la luminiscencia. La luminiscencia azul de algunos diamantes incoloros y la roja de algunos rubíes rojo sangre, provocada por la parte ultravioleta del espectro solar al mediodía, incrementa notablemente su encanto. Si la emisión luminosa persiste una vez detenido el estímulo (cuando se apaga la luz negra), se habla de fosforescencia.

Piezoelectricidad y piroelectricidad

Algunos metales desarrollan por presión o por calentamiento una electricidad estática en el extremo de ciertas direcciones cristalinas. Éste es el caso, por ejemplo, de la turmalina, de ahí que los marinos holandeses del siglo XVII la llamaran *Aschentrekker* ('aspirador de cenizas'), ya que la utilizaban para vaciar las pipas. Hoy en día, donde más se aprovecha tal propiedad es en los relojes de cuarzo.

Radiactividad

Algunos cristales tienen en su estructura cristaloquímica elementos radiactivos (uranio, torio), es decir, que se van transmutando lentamente con el paso del tiempo, con emisión de rayos alfa y/o beta y/o gamma (autunita, etc.). Algunos minerales irradiados con neutrones para modificar su color conservan una radiactividad remanente que puede ser igual de peligrosa o más, que la radiactividad natural para quien pase demasiado tiempo cerca de esas piedras (diamante amarillento o pardusco que se torna negro, topacio incoloro que se vuelve azul, crisoberilo tornasolado que se convierte en alejandrita tornasolada…).

La radiactividad natural de algunos cristales puede desorganizar su estructura cristalina y volverlos amorfos. Dichos cristales se denominan *metamictos* y entre ellos se incluyen la monacita y los circones verdes toríferos.

La autunita es radiactiva.

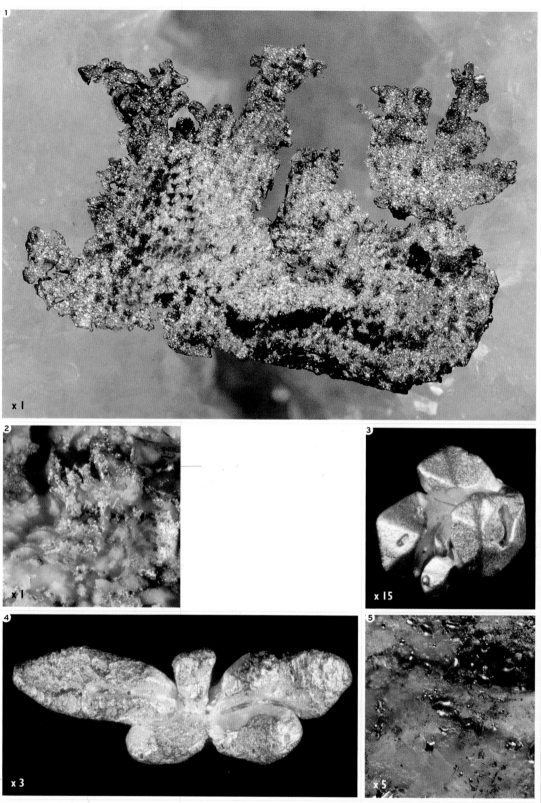

x 1

2

x 1

3

x 15

4

x 3

5

x 5

6

x 10

Oro - Mercurio

El **oro** es el primer metal que utilizó el hombre y el único usado por las civilizaciones precolombinas. Se obtiene en los aluviones de ríos en forma de pepitas, de aglomerados de distintas formas, a menudo desgastados por el transporte fluvial, cuyas formas recuerdan, por ejemplo, una mariposa **(4)**. Se han fabricado pepitas artificiales de oro aplicando una técnica similar a los procedimientos de granulación utilizados por los etruscos (siglo V a.C.). Sin embargo, las primeras dinastías egipcias (III^{er} milenio a.C.) ya explotaban los filones de cuarzo aurífero, en los cuales el oro está disperso entre los granos de cuarzo **(2)** o agrupado en forma de matas de mayor o menor tamaño **(1 y 2)**. El oro también puede cristalizar en forma de octaedros regulares **(3)**. En ocasiones, se encuentra oro en las partes superficiales de filones cuproplumbocincíferos, en los que puede formar «hojas» donde se aprecian zonas de crecimiento triangular **(6)**. El oro está considerado un metal noble y, por lo tanto, precioso. Es el rey de los metales, ya que es químicamente inerte en nuestro entorno habitual, donde sólo puede verse atacado por una mezcla de ácidos nítrico y clorhídrico denominada *agua regia*. Sin embargo, el oro posee cierta afinidad con el mercurio, con el que forma una amalgama que se disocia con el calor, propiedad otrora utilizada para su extracción; el **mercurio** nativo aparece en las zonas superficiales de los yacimientos de cinabrio, de donde fluye en forma de gotitas **(5)**.

Cobre

La oxidación superficial del **cobre** en cardenillo forma en su superficie una pátina que lo protege de alteraciones posteriores. Todavía hoy es posible encontrar cobre nativo en las afloraciones de yacimientos cupríferos. Este mineral dio nombre a la Edad de Cobre, lo cual explica el agotamiento de la mayoría de las zonas superficiales. El cobre rara vez se presenta en forma de bellos cristales aislados; de hecho, los cristales de cobre se unen preferentemente en agrupaciones complejas en las que se aprecian cubos y rombododecaedros **(1)**. Esos cristales se asocian, fundamentalmente, en dendritas situadas en las fisuras del mineral **(4)**; allí pueden formar hojas **(6)**, susceptibles de recordar diversas figuras, como un pavo **(2)**. En ocasiones, la masa de cobre nativo adopta un aspecto esponjoso **(3)**, o bien abarca diversos elementos del mineral original, como un fuego devorando una cabaña **(5)**. A veces se libera un nódulo de cobre nativo por la erosión y, en tal caso, puede encontrarse en forma de pepita en los aluviones fluviales, a pesar de que, debido a sus afinidades químicas, el cobre no es un metal noble.

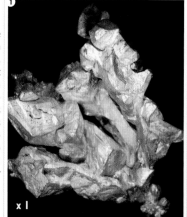

x 1

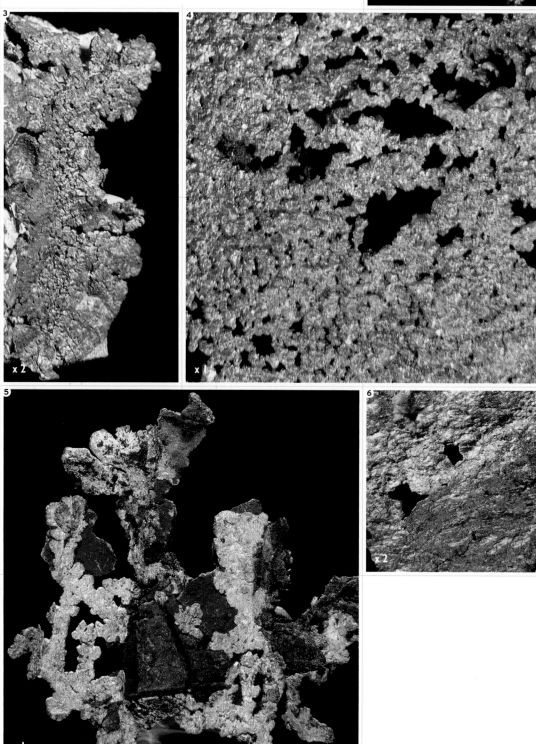

x 2

x 1

x 1

x 2

x 5

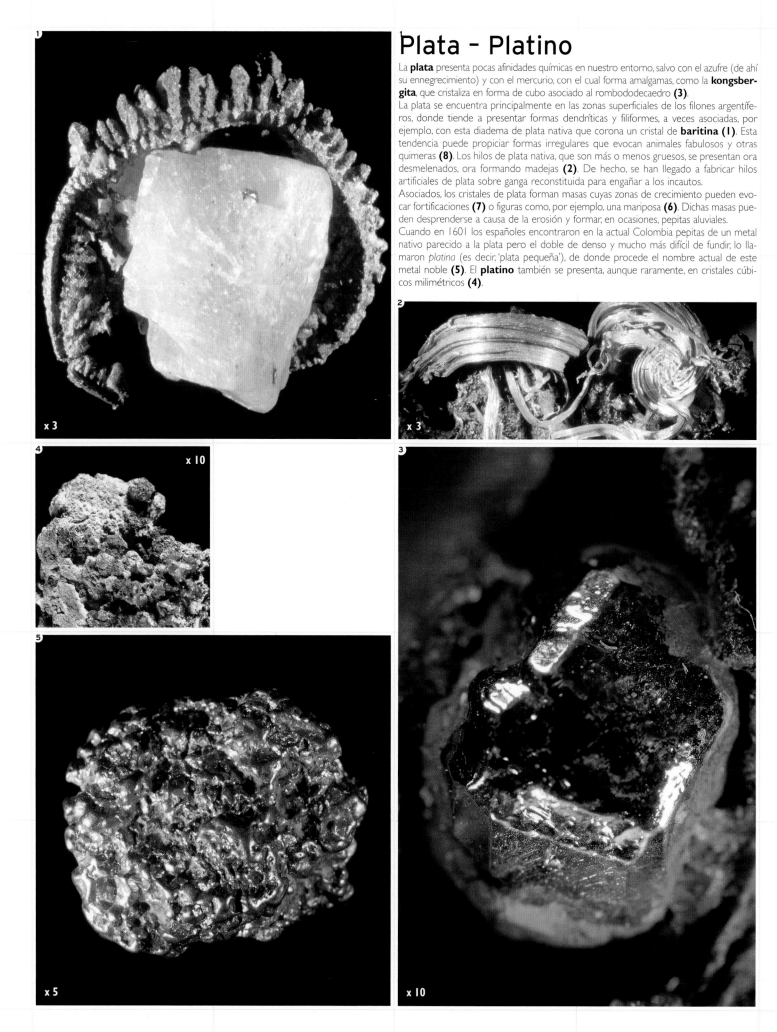

Plata - Platino

La **plata** presenta pocas afinidades químicas en nuestro entorno, salvo con el azufre (de ahí su ennegrecimiento) y con el mercurio, con el cual forma amalgamas, como la **kongsbergita**, que cristaliza en forma de cubo asociado al rombododecaedro **(3)**.

La plata se encuentra principalmente en las zonas superficiales de los filones argentíferos, donde tiende a presentar formas dendríticas y filiformes, a veces asociadas, por ejemplo, con esta diadema de plata nativa que corona un cristal de **baritina (1)**. Esta tendencia puede propiciar formas irregulares que evocan animales fabulosos y otras quimeras **(8)**. Los hilos de plata nativa, que son más o menos gruesos, se presentan ora desmelenados, ora formando madejas **(2)**. De hecho, se han llegado a fabricar hilos artificiales de plata sobre ganga reconstituida para engañar a los incautos.

Asociados, los cristales de plata forman masas cuyas zonas de crecimiento pueden evocar fortificaciones **(7)** o figuras como, por ejemplo, una mariposa **(6)**. Dichas masas pueden desprenderse a causa de la erosión y formar, en ocasiones, pepitas aluviales.

Cuando en 1601 los españoles encontraron en la actual Colombia pepitas de un metal nativo parecido a la plata pero el doble de denso y mucho más difícil de fundir, lo llamaron *platina* (es decir, 'plata pequeña'), de donde procede el nombre actual de este metal noble **(5)**. El **platino** también se presenta, aunque raramente, en cristales cúbicos milimétricos **(4)**.

x 3

x 3

x 10

x 5

x 10

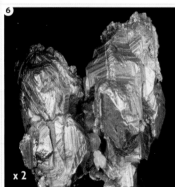

6

x 2

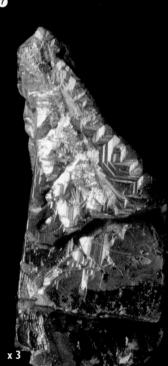

7

x 3

8

x 15

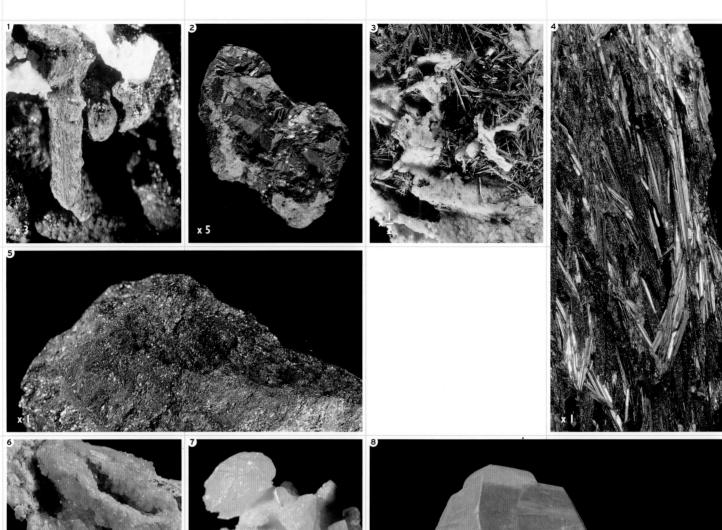

Semimetales y no metales

Los escasos cristales de **semimetales** nativos tienden a mostrar un brillo metálico, que, a veces, se empaña rápidamente; por su parte, los **no metales**, a menudo dimorfos, se caracterizan por un brillo más bien mate.

El **arsénico** nativo forma masas finamente cristalizadas que constituyen incrustaciones o estalactitas que se deslustran rápidamente por el contacto con el aire, lo cual hace que se ennegrezcan (1).

El **antimonio** nativo, por el contrario, conserva su brillo metálico y forma masas de cristales de apariencia cúbica (2), o de aspecto laminar (4), principalmente en filones sulfoantimoniosos cobaltoniquelíferos argentíferos. No es raro encontrar antimonio masivo acompañado de estibina (sulfuro de antimonio) y de otros óxidos blancos de antimonio, como la valentinita (3).

El **bismuto** nativo suele formar cristales esqueléticos reticulados; no obstante, en el laboratorio pueden obtenerse fácilmente cristales artificiales de bismuto (10).

El **telurio** nativo constituye masas finamente cristalizadas de brillo argénteo (5).

El **azufre** derivado de la actividad de las fumarolas suele producir cristales muy pequeños, en los que se mezcla la variedad de alta temperatura (superior a 95 °C) y la de baja temperatura, más corriente (6, 7). Los bellos cristales de azufre amarillos, de aspecto bipiramidal (8), suelen tener un origen biológico y se encuentran en terrenos sedimentarios.

Ubicuo, el **grafito** puede constituir finos bancos en rocas de gneis (9).

Diamante

Desde el manto superior en el que se forma, a unos 200 km de profundidad, el **diamante** llega a la superficie mediante explosiones volcánicas (kimberlitas o limburgitas); después, la erosión se encarga de sacarlo a la luz, a veces entre aluviones. En el segundo milenio a.C. los dravidianos lo descubrieron en la India y desde entonces no ha dejado de fascinar. Su dureza ha hecho que en todos los países se le haya dado un nombre por transposición literal del término *adamas* ('indomable'), utilizado por los griegos contemporáneos de Pericles para designar el metal de las armas de los dioses.

Las inclusiones o impurezas encontradas en los diamantes constituyen la principal fuente de información sobre la naturaleza del manto superior, que es más difícil de alcanzar que la superficie de los planetas.

El octaedro regular, en cuyas facetas puede haber figuras triangulares de ataque o de crecimiento **(3)**, es la forma fundamental de los cristales de diamante **(9)**, forma de la que deriva el rombododecaedro **(1, 2)**. El paso de octaedro a rombododecaedro se aprecia bien en los cristales de facetas octaédricas planas y limitadas por estrías de crecimiento pronunciadas que constituyen las facetas dodecaédricas **(5)**. Algunos cristales de facetas convexas pueden parecer canicas **(4)** o granos de arroz **(7)**. Dos cristales octaédricos asociados por una faceta octaédrica forman una lámina triangular **(8)**; los cristales pueden yuxtaponerse de cualquier modo **(5)**. Durante la selección previa al tallado de los cristales de diamante para joyería, éstos se clasifican según su forma externa en *stones*, 'piedras', *sawables*, 'aserrables' (octaedros, **3, 9** y dodecaedros, **1, 2**), *flats* **(8)**, 'planos', *makables*, 'tallables' **(6)**, en *cleavages*, diamantes que deben exfoliarse antes del tallado, o en *macles*, 'maclas' **(8)** (asociación de dos o más cristales de diamante). Hoy en día se producen industrialmente cristales artificiales de diamante sintético a partir de una masa de más de dos gramos, tanto para la industria como para la joyería. Además se fabrican numerosas imitaciones de diamante. Aparte del strass (vidrio al plomo) y de las uniones granate-strass, diversos cristales incoloros han sustituido al diamante en joyería: el corindón, la espinela, el titanato de estroncio, el aluminato de itrio, el óxido de circonio y, últimamente, la morsanita (carburo de silicio), ya utilizada como abrasivo y para retrasar el desgaste del hormigón en los peldaños de las escaleras, y que, desde 1998, se obtiene incolora y en macrocristales.

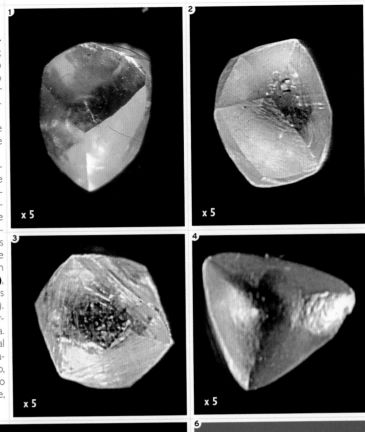

x 5

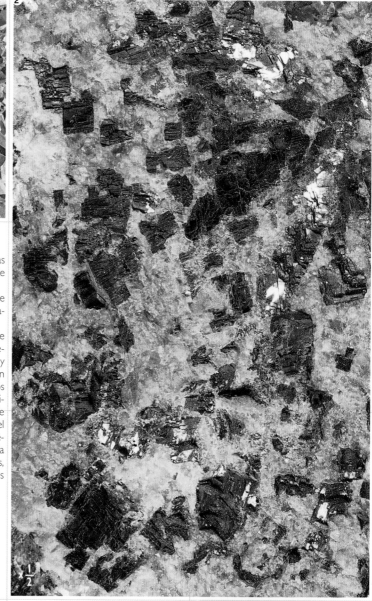

Galena

Ya utilizada hace cinco milenios en el Antiguo Egipto como base de las pinturas negras destinadas a enfatizar la expresividad de los ojos, la **galena** sigue usándose en Oriente Próximo y el Magreb para elaborar el khol.

La galena, el principal mineral de plomo, suele ser argentífera; de hecho, otrora fue explotada más por su contenido en plata que por el plomo; además, algunas explotaciones actuales se valen de su parte argéntea para mantener su actividad.

Los vértices de la red cúbica están ocupados por iones de plomo Pb^{2+} y de azufre S^{2-} alternos; la exfoliación cúbica perfecta suele transformar las fracturas en una especie de escalera. La galena presenta a menudo bellos cristales entre centimétricos y decimétricos, en forma de cubos **(7)**, de octaedros **(8)** y de cubooctaedros, que en ocasiones cubren grandes superficies **(1)**, incluidos en una ganga (por ejemplo, en cubos en una cuarcita, **2**). Los cristales son tabulares y pueden dar una sensación de masa laminada **(4)**. La exfoliación cúbica perfecta y característica da a las fracturas el aspecto de peldaños de escalera **(7)**. A veces, los cristales forman maclas y penetran el uno en el otro en íntima asociación **(3)**. Las masas granulosas con fracturas centelleantes son frecuentes **(5, 6)**. En el pasado, se han explotado por el plomo, pero sobre todo por la plata, cuyos minerales sulfurados se encuentran incluidos en la galena en proporciones, a veces, nada despreciables (el contenido de plata medio de una tonelada de galena es de algo más de cien gramos, pero puede variar de nada a varios kilogramos).

Pirita - Hauerita - Pirrotina

Las chispas procedentes de una **pirita** golpeada encienden las materias inflamables; de ahí que en la guerra de las Galias, las patrullas romanas llevaran consigo estopa y pirita (del griego *pyr*, 'fuego').

En los vértices y en el centro de la malla cúbica de la **pirita** hay dobletes covalentes $(S-S)^{2-}$, orientados alternativamente a 90° entre sí y equilibrados por iones de hierro Fe^{2+} que forman octaedros regulares en torno a cada uno de ellos, de donde proceden las estrías de las facetas de los cubos de la pirita **(pirita triglifa, 9, 11, 12)**. El cristal característico de la pirita es el dodecaedro pentagonal, llamado **piritoedro (4)**. Los cubos pueden asociarse penetrando los unos en los otros, integrando lo que se conoce como una *cruz de hierro*. Sin embargo, los cubos de pirita también pueden formar maclas, constituyendo pequeños grupos **(9, 11)** o bien formando una bola erizada de puntas cristalinas **(8)**. En ocasiones, la pirita presenta un aspecto fibrorradiado, esférico o aplanado **(pirita dólar, 2)** y también puede formar concreciones mamelonadas **(1, 3)**. Las muestras de pirita pueden alterarse y producir sulfatos en la atmósfera, lo cual modifica sensiblemente su brillo metálico **(4, 9)**. Es frecuente la fosilización piritosa de seres vivos (pez, **6**).

La sustitución del hierro Fe^{2+} por manganeso Mn^{2+} en la estructura de la pirita da lugar a la **hauerita**, a menudo en cubo-octaedros centimétricos **(5)**.

El apilamiento hexagonal compacto de los iones S^{2-} está equilibrado, en la **pirrotina**, por iones de hierro Fe^{2+}, en parte oxidados como los Fe^{3+}; de ello resulta un hábito en prismas y bipirámides hexagonales planas **(7)**, cuyo brillo metálico se matiza con una pizca de rosa que no posee la pirita. Sin embargo, la pirrotina se presenta sobre todo en masas granuladas compactas **(10)**.

x 1

x $\frac{1}{2}$

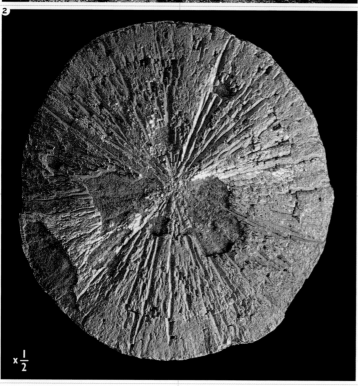

x 4

x $\frac{1}{2}$

x 2

x $\frac{1}{2}$

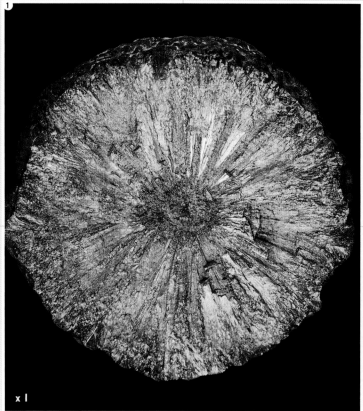

x 1

x 3

Marcasita

La estructura de la **marcasita** es en cierto modo la de una pirita desigualmente dilatada en forma de paralelepípedo rectangular, con dobletes covalentes $(S-S)^{2-}$, orientados alternativamente a 90° entre sí y dispuestos en los vértices y en el centro de la malla ortorrómbica, equilibrados por iones Fe^{2+} que forman octaedros ortorrómbicos alrededor de cada uno de ellos.

La marcasita se presenta en cristales tabulares más o menos rómbicos, frecuentemente asociados en «cresta de gallo» (2). Los prismas con base rómbica (9) son bastante raros; pueden formarse aglomeraciones globulares de cristales que se sulfatan por alteración en la atmósfera (4) y los cristales laminares pueden unirse en pilas mamelonadas (8). En ocasiones, cinco ejemplares cristalinos se asocian íntimamente en una macla múltiple y producen un conjunto pentagonal que no siempre puede verse por completo (3). Sin embargo, la facies más habitual para la marcasita es un aspecto fibroso (7), ya que constituye masas globulares fibrorradiadas (1, 5), que se manifiestan principalmente en los sedimentos de caliza margosa. Estas bolas mamelonadas, en cuya superficie se distinguen algunas puntas cristalinas (6), se consideraron durante mucho tiempo meteoros celestes vinculados a las tormentas y a los relámpagos, de ahí su nombre de *bolas de trueno*, las cuales, a pesar de su densidad ligeramente menor, únicamente se distinguen de las bolas de trueno de pirita por su color más pálido.

x 2

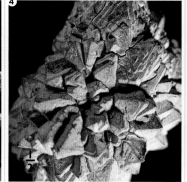

$\frac{1}{2}$

x 1

Sulfoarseniuros ferrocobaltoniquelíferos

Kobold, maléfico duende de las minas que transformó, en la Edad Media, el mineral de cobre en uno inutilizable, desaparecía y aparecía cada vez. Da nombre al cobalto y al níquel, diminutivo sajón de Nikolaus…

La **cobaltina (8)** resulta de la sustitución, en la estructura de la pirita, del hierro y de la mitad del azufre por cobalto y arsénico: sus formas cristalinas son muy parecidas a las de la pirita.

La oxidación de una parte de Co^{2+} y su conversión en Co^{3+} acompaña a la sustitución total del azufre por arsénico en la estructura de la cobaltina: la red cúbica de la **escuterudita (5, 7)** contiene un cobalto en cada vértice, así como 11 o 12 centros de 16 ocupados por una agrupación circular covalente de arsénico $(As_4)^{4-}$. Sus formas cristalinas recuerdan las de la pirita.

La **arsenopirita**, o mispíquel **(1)**, la **lollingita (4)** y el **glaucodoto (6)** derivan de manera análoga de la marcasita, por sustitución respectiva de arsénico en la mitad del azufre y en todo el azufre, y de arsénico y de cobalto en el azufre y en el hierro; sus cristales son alargados, en ocasiones octaédricos (mispíquel) y otras veces fibrorradiados (lollingita).

Con una estructura de pirita en la que el níquel sustituye al hierro y el antimonio a la mitad del azufre, la **ullmanita (3)** presenta las formas de la pirita: cubos triglifos y, raramente, octaedros y piritoedros.

Asimismo, la **niquelina (9)** procede de la pirrotina por sustitución del hierro por níquel. La **millerita (10)**, a la que en ocasiones se denomina *pirita melenuda*, es vecina de la anterior y forma delicados grupos radiados.

Una apilación cúbica compacta de azufres S^{2-}, equilibrados por iones Co^{2+} y Co^{3+}, constituye la malla de la **linnaeita (2)**, con cristales generalmente octaédricos.

1

x 2

2

x 1

3

x 3

4

x 2

5

x 3

6

x 1

7

x 3

9

x 3

10

x 2

8

x 10

Esfalerita - Greenockita

Denominada así (del alemán *blenden*, cegar; del griego *sphaleros*, engañoso) por llamar a equívoco a los mineros, que la confunden con la galena argentífera, la **esfalerita** o **blenda**, presenta múltiples aspectos coloreados, desde el pardo negruzco de las marmatitas **(2, 4)** hasta el amarillo miel de las blendas melosas **(3, 5)**, debido a la sustitución parcial del cinc por el hierro, así como por el manganeso y el cadmio. Los azufres S^{2-} y los cincs Zn^{2+} forman apilamientos cúbicos compactos, que se penetran entre sí de manera que cada cinc está rodeado tetraédricamente por cuatro azufres y viceversa, de ahí las facies tetraédricas u octaédricas **(8)** por combinación de dos tetraedros invertidos, masas exfoliables **(1)**, en ocasiones, de aspecto globular.

La blenda también forma a menudo festones fibrosos **(7)**, e incluso coloformes. Por consiguiente, no puede distinguirse macroscópicamente de la **wurtzita,** una blenda hexagonal formada por dos apilaciones hexagonales compactas e interpenetradas, respectivamente, por azufre y por cinc, que presenta la misma facies, llamada **scalenblenda** (blenda cáscara).

La **greenockita (6)** posee la estructura de la wurtzita, aunque el cinc está sustituido por cadmio, y constituye generalmente capas pulverulentas de color amarillo vivo y, a veces, cristales piramidales milimétricos.

Calcopirita

La **calcopirita** es, como su nombre indica, la 'pirita de cobre', de Chipre, isla célebre en la Antigüedad porque en ella nació Afrodita y por sus yacimientos de cobre.

Es el principal mineral de cobre y se puede considerar, estructuralmente, una blenda (con la cual se asocia a menudo) en la que el cinc estaría sustituido a medias por hierro y por cobre. Como en la blenda, sus cristales son tetraédricos **(4)**; un tetraedro ligeramente estirado que forma un esfenoedro con facetas estriadas mates **(2)** y vértices a menudo truncados con pequeñas facetas brillantes; sin embargo, lo más habitual es que sea masiva **(3)** y de color amarillo latón deslustrado en la superficie.

La superficie de la calcopirita masiva se altera rápidamente al contacto con el aire y adopta todos los colores vinculados al cobre, verde y azul **(5, 6)**. La calcopirita, que presenta pequeños granos y nunca es fibrosa, puede mezclarse con una ganga de cuarzo **(7)** con la cual forma un cuerpo.

En la superficie de los yacimientos, la alteración asociada a las idas y venidas de agua puede transformarla en azurita, y fundamentalmente en malaquita, con la cual se asocia en dichos casos **(1)**.

x 2

x $\frac{1}{2}$

x 1

x $\frac{2}{3}$

x $\frac{1}{3}$

x 1

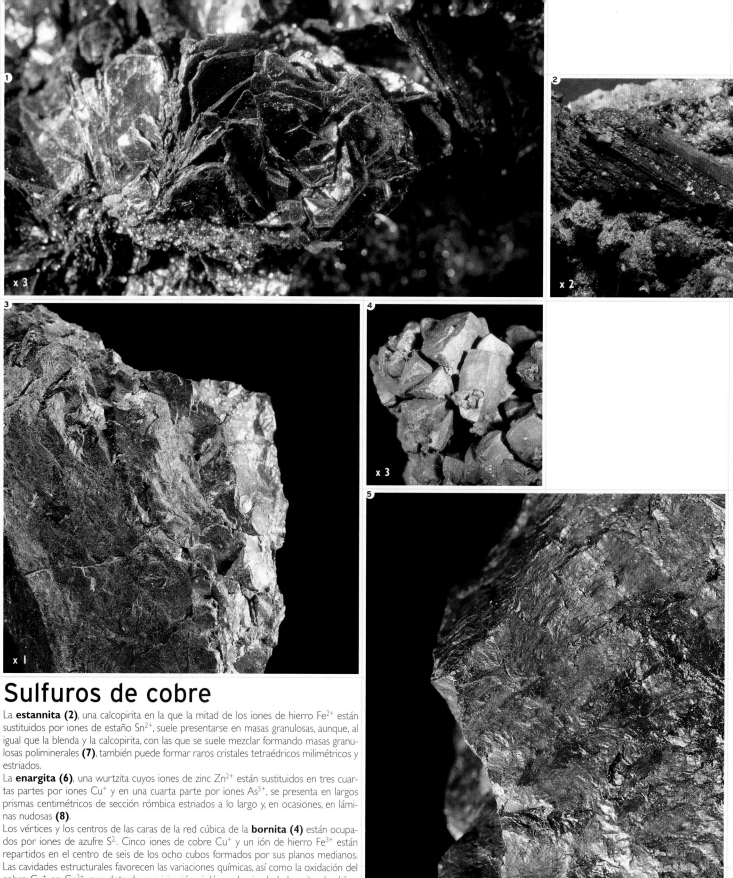

Sulfuros de cobre

La **estannita (2)**, una calcopirita en la que la mitad de los iones de hierro Fe^{2+} están sustituidos por iones de estaño Sn^{2+}, suele presentarse en masas granulosas, aunque, al igual que la blenda y la calcopirita, con las que se suele mezclar formando masas granulosas poliminerales **(7)**, también puede formar raros cristales tetraédricos milimétricos y estriados.

La **enargita (6)**, una wurtzita cuyos iones de zinc Zn^{2+} están sustituidos en tres cuartas partes por iones Cu^+ y en una cuarta parte por iones As^{5+}, se presenta en largos prismas centimétricos de sección rómbica estriados a lo largo y, en ocasiones, en láminas nudosas **(8)**.

Los vértices y los centros de las caras de la red cúbica de la **bornita (4)** están ocupados por iones de azufre S^{2-}. Cinco iones de cobre Cu^+ y un ión de hierro Fe^{3+} están repartidos en el centro de seis de los ocho cubos formados por sus planos medianos. Las cavidades estructurales favorecen las variaciones químicas, así como la oxidación del cobre Cu^+ en Cu^{2+}, que dota de una irisación violácea al rojo de la bornita, de ahí su nombre **erubescita (3)**. La bornita no presenta una exfoliación nítida y suele formar masas granulosas **(5)**.

La enargita y la bornita-erubescita pueden asociarse en masas granulosas **(8)**.

La **covellita (1)** es un conjunto, por enlaces covalentes entre elementos de azufre, de hojas de tres capas de iones de azufre S^{2-} en apilamiento hexagonal compacto, sostenidos por iones de cobre Cu^+ que se sitúan en la mitad de los planos tetraédricos laterales (S_4) y en la mitad de los planos triangulares centrales (S_3). Sus cristales hexagonales se exfolian fácilmente, de ahí su facies habitual en láminas aglomeradas **(1)** que se forman cerca de la superficie de los yacimientos de calcopirita, bornita y enargita.

6

7

x 1

8

x 2

x 10

x 2

Cobres grises - Bournonita

La estructura de los **cobres grises** es similar a la de la blenda: un apilamiento cúbico compacto de iones de azufre S^{2-}, equilibrados por la presencia, en algunos de sus espacios (tetraédricos, triangulares), de iones de cobre Cu^+ y Cu^{2+}, arsénico As^{3+} y antimonio Sb^{3+}. Existe una serie continua desde la **tetraedrita** (o **panabasa, 8**), totalmente antimoniosa, y la **tennantita**, totalmente arsénica. Además, los iones de cobre pueden estar sustituidos, en una gran proporción, por iones de plata Ag^+ **(freibergita)**, de hierro Fe^{2+}, de cinc Zn^{2+} **(binnita)**, de mercurio Hg^{2+} **(schwatzita, 7, 4)**; y los iones As^{3+} y Sb^{3+}, por iones de bismuto Bi^{3+} **(annivita)**.

Al igual que la blenda y la calcopirita, los cobres grises tienen una facies tetraédrica que explica el origen del nombre de uno de sus miembros, la **tetraedrita (2, 5, 6)**. También es posible que presenten un aspecto octaédrico con facetas alternativamente deslustradas y brillantes, ya que proceden de la combinación de dos tetraedros opuestos.

La **bournonita** también contiene en su estructura grupos tetraédricos (CuS_4), unidos por un azufre común en pirámides (SbS_3) y por dos azufres comunes en poliedros (PbS_6); se presenta en prismas achaparrados con facetas acanaladas **(3)**, en ocasiones, reunidos en grupos **(1)** y, a menudo, formando masas granulosas.

x 2

x 3

x 1

x 3

x 2

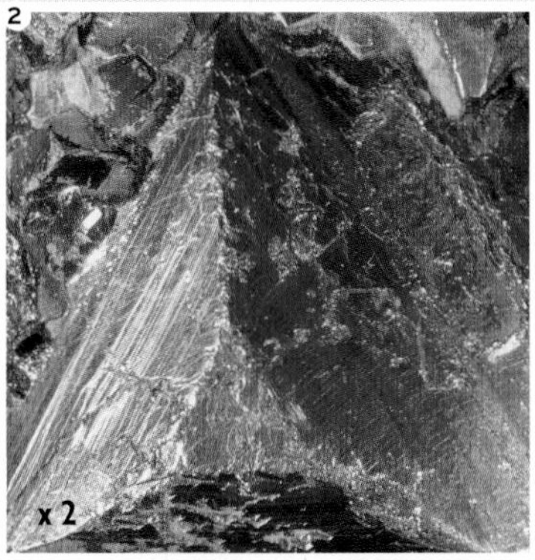

x 2

8

x 2

Platas rojas - Platas negras

Los mineros sajones siempre han diferenciado los sulfuros antimonioargentíferos y los sulfuros arsenicoargentíferos por su color, de ahí sus nombres genéricos.

Las **platas rojas** forman una serie antimonio-arsénica continua desde la **pirargirita** antimonial, llamada *plata roja oscura*, ya que es de un rojo un tanto rebajado **(8)**, hasta la **proustita** arsénica, llamada *plata roja clara*, ya que es de un rojo bastante vivo **(6)**. Se oscurecen rápidamente al contacto con el aire por formación superficial de sulfuro de plata (argentita). Por lo general constituyen masas compactas, pero también pueden formar bellos cristales: en el caso de la pirargirita, cristales milimétricos en forma de prismas hexagonales cortos terminados en una base **(1, 4)**, o facetas de romboedro que sólo producen una ligera comba **(8)**; en el caso de la proustita, además de prismas de ese tipo, escalenoedros **(3)** y romboedros agudos, que le dan una facies de punzón achaparrado.

La **pirostilpnita (5)**, de composición química idéntica a la de la pirargirita, pero de cristalización diferente, es un mineral muy raro que forma pequeñas hojas rómbicas gruesas y estriadas, de color rojo profundo.

Las **platas negras** están constituidas por diversos minerales que forman cristales prismáticos seudohexagonales cortos, en ocasiones laminares. Los prismas de **estefanita (7)**, totalmente argentífera, son a veces tabulares. La base de las hojas de **polibasita (2**, aquí entre dos sideritas), cuprífera por sustitución Cu^+/Ag^+ que puede afectar a una cuarta parte de la plata, suele presentar estrías dispuestas en triángulo.

x 2

x 2

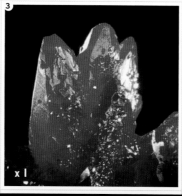

x 1

x 1

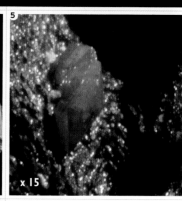

x 15

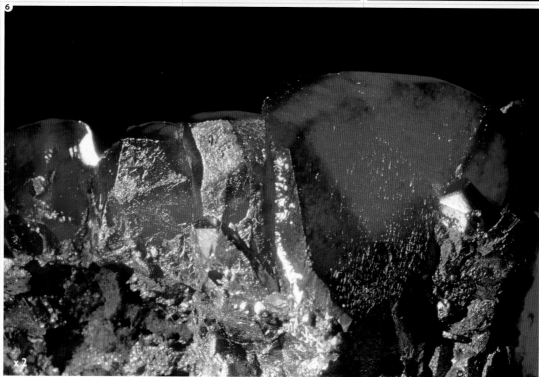

x 5

x 1

x 5

Telururos, arseniuros y sulfuros de metales preciosos

La plata se combina muy fácilmente con el azufre para formar la **argentita (3, 4)**, culpable del oscurecimiento que se produce en los objetos de plata del hogar y que también es, en algunas minas, el principal mineral argentífero, a menudo en masas granulosas y, otras veces, en bellos cubooctaedros.

La **hessita (8)**, argentita cuyo azufre S^{2-} está sustituido por teluro Te^{2-}, se presenta en forma de prismas alargados y pequeños cristales seudocúbicos que en ocasiones recuerdan a los piritoedros.

Los telururos de oro argentíferos, en ocasiones, de aspecto dendrítico o esquelético, se alteran a la luz del día liberando su oro en forma de masas esponjosas; en alguna ocasión ha sucedido que los mineros, al explotar el oro así formado, han descartado el teluro de oro por confundirlo con un sulfuro sin interés. Los cristales de **calaverita (6)**, poco argentíferos, no son exfoliables y presentan numerosas facetas con aspecto de barras profundamente acanaladas. La **silvanita (1)** contiene tanta plata como oro y forma prismas cortos, según las facetas de los cuales se puede conseguir una exfoliación perfecta; también forma masas granulosas **(5)**. La **nagyagita (7)**, un sulfotelururo antimonioplumbífero de oro bastante raro y cercano a los minerales anteriores, a los que acompaña, se presenta en masas foliáceas y, a veces, en cristales tabulares.

Poco reactivo, el platino se alea rara vez con algunos no metales: la **sperrylita (2)**, raro arseniuro de platino con estructura de pirita, forma cubos y piritoedros.

x 1

x 2

x 5

7

x 2

8

x 5

Sulfuros plumbíferos complejos

Reunidos bajo la denominación genérica de *Bleispiessglanz* ('brillo vivo de plomo'), las cuatro docenas de sulfuros de plomo y semimetales se diferencian fundamentalmente, además de por el semimetal y el otro posible metal presentes en su composición, por su relación R sulfuro de plomo/sulfuro de semimetal.

Entre los sulfuros de plomo arsénicos, que a menudo se presentan en prismas alargados y estriados, se encuentran la **sartorita** o **escleroclasa (8)**, con R=1, y la **liveingita (7)**, con R=5/4.

Los sulfuros de plomo antimónicos son, por lo general, aciculares, como la **zinkenita (6)**, con R=1; la **jamesonita (2)**, con R=2; la **boulangerita (1)**, con R=2,5; la **meneghinita (10)**, con R=4; las agujas de algunos de ellos pueden ensancharse y formar ruedas o cúmulos fibrorradiados, como la **semseyita (4)**, con R=9/4.

Los sulfuros de plomo que contienen bismuto se presentan con aspecto masivo o bien con una facies acicular, como la **cosalita (9)**, con R=2.

Además del antimonio, algunos sulfuros plumbíferos complejos contienen un metal, que hace su clasificación más subjetiva; su facies cristalina es, en general, más masiva, como en el caso de la **andorita (3)** argentífera de prismas achaparrados estriados y la **cilindrita (5)** estañífera con cristales cilíndricos testáceos.

8

x 10

9

x 5

10

x 20

Molibdenita - Estibina - Tetradimita

La **molibdenita (7)** es un apilamiento de tipo hexagonal compacto: una capa de iones de molibdeno Mo^{4+}, intercalada entre dos capas de iones de azufre S^{2-}, forma sólidas hojas neutras MoS_2 escasamente unidas entre sí por fuerzas de tipo Van der Waals. Las hojas, separadas entre sí, se pueden deslizar unas sobre otras; de ahí la utilización de la molibdenita como grasa, al igual que el grafito, y su facies laminar suele ser escamosa. Sus cristales, prismas hexagonales laminares y estriados, se exfolian fácilmente en finas láminas flexibles no elásticas **(3)**.

Tres líneas de iones de azufre S^{2-} unidos a iones de antimonio Sb^{3+} en sus ubicaciones triangulares forman cintas Sb_2S_3 neutras, que se enlazan débilmente las unas con las otras para formar la **estibina**, esto explica su facies en cristales muy alargados y estriados a lo largo **(2 y 4)** y perfectamente exfoliables, en agujas a veces retorcidas, que pueden juntarse y formar masas radiadas **(1 y 6)**.

La **tetradimita (5)** está integrada por hojas construidas como las de la molibdenita, con una capa de iones de azufre S^{2-} bordeada, por ambas partes y sucesivamente, por una capa de iones de bismuto Bi^{3+} y otra de iones de telurio Te^{2-}; dichas hojas (Te-Bi-S-Bi-Te) débilmente unidas entre sí pueden deslizarse las unas sobre las otras, lo cual produce finas láminas de exfoliación flexibles no elásticas. Los cristales, romboedros de punta truncada por una base y de caras estriadas, están asociados de cuatro en cuatro (macla), de ahí el nombre de este mineral que en ocasiones acompaña a los telururos de oro.

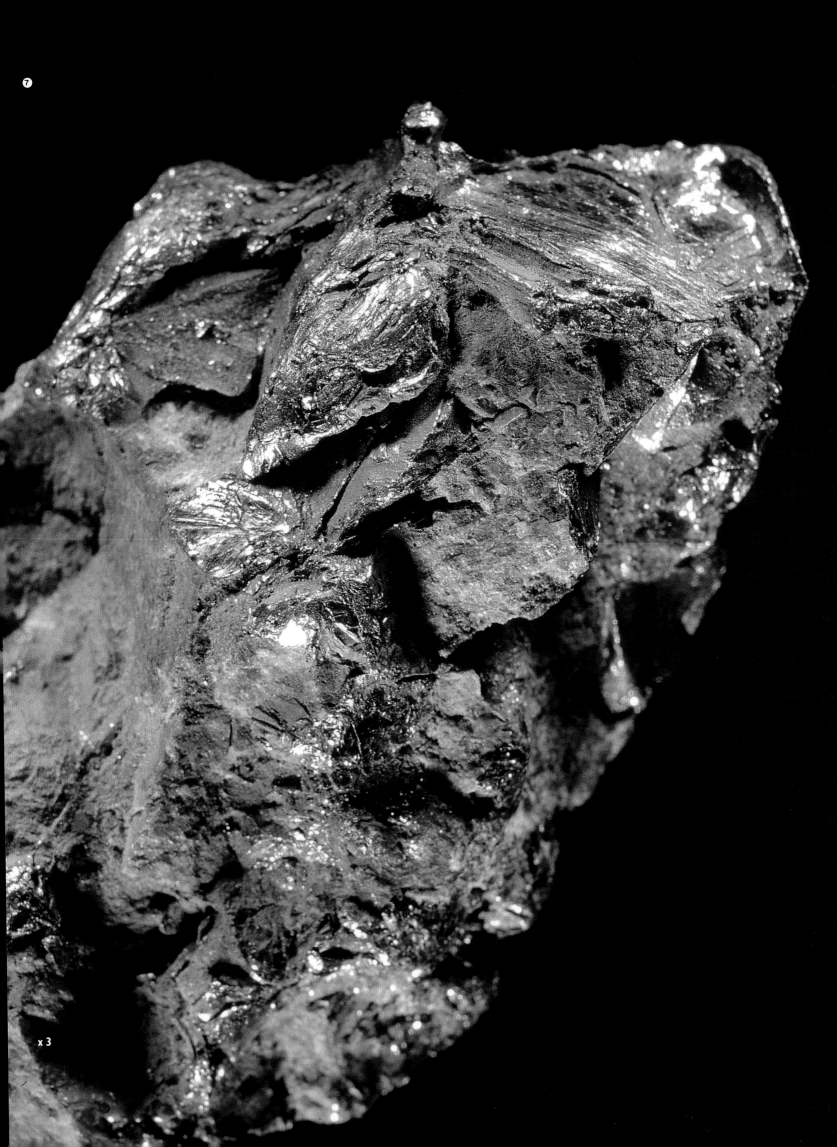

x 3

x 5

x 2

Rejalgar - Oropimente

El **rejalgar** posee una estructura cristalina molecular similar a la del azufre: una unión débilmente sujeta de anillos de ocho átomos (As_4S_4) enlazados por covalencia. Se transforma en **oropimente** por formación de hojas (As_2S_3) débilmente unidas entre sí. El rejalgar y el oropimente, frecuentemente asociados, pueden formar prismas centimétricos achaparrados de color rojo vivo **(5)** o amarillo limón **(1)**, pero lo más habitual es encontrarlos en masas granulosas, en el caso del rejalgar **(2)**, y micáceas, en el caso del oropimente **(3)**.

Estriados a lo largo, los prismas de rejalgar pueden ser cortos **(6)** o presentar cierto alargamiento **(8)**. En ocasiones, el rejalgar está disperso en la ganga de minerales metálicos, por ejemplo con calcita **(4)**. Al contacto con la luz solar se convierte en un polvo anaranjado que contiene oropimente y arsenolita (óxido de arsénico cúbico que cristaliza en octaedros), por lo que el coleccionista debe conservarlo protegido de la luz.

Las aglomeraciones de rejalgar **(7)** ya no se explotan en la actualidad como mineral de arsénico. Sin embargo, hay explotaciones artesanales que de tanto en cuanto retoman una actividad temporal en el mundo islámico, donde el rejalgar se utiliza como depilatorio.

El oropimente se utilizó en la Antigüedad como pintura dorada, de ahí su nombre 'pigmento de oro'. Según Plinio, el emperador romano Calígula (37-41) intentó en vano extraer oro de él.

x I

x I

x I0

x 10

x 15

Cinabrio

Antes de calcinarlo para producir azogue (mercurio), los griegos utilizaban el **cinabrio** como pigmento rojo y también como componente de colirios. En el México precolombino, se espolvoreaba cinabrio sobre los cadáveres de las personas importantes al enterrarlas, ya que se creía que su color, parecido al de la sangre, les daría la vida en el más allá.

El cinabrio constituye principalmente grandes masas exfoliables que cimentan areniscas. Los cristales, que pueden ser romboedros achaparrados por truncamiento basal **(2)**, o bien prismas hexagonales (con las mismas direcciones de exfoliación) unas veces cortos **(4)** y otras alargados **(3)**, exhiben un espléndido color rojo bermellón **(9)**, que se deslustra a la luz del día debido a la liberación de mercurio **(1)**.

x 1

x 2

x 5

x $\frac{2}{3}$

x $\frac{1}{2}$

x 3

x $\frac{1}{2}$

x 1

Óxidos uraníferos

Inicialmente utilizada para colorear vidrios y cerámicas, la **pecblenda (7)**, cuyo nombre, 'pez falso', refleja su aspecto resinoso (del alemán *Pech*, 'pez', y *Blenden*, 'cegar'), se ha convertido en un mineral mítico con el desarrollo de la industria atómica. Su facies con tendencia a encostrarse **(8)** le ha valido también el nombre de **gummita** ('viscosa', del griego *kommi*). La facies coloforme de la uraninita está compuesta de cristales cúbicos macroscópicos **(6)**.

La **betafita**, mucho más escasa, es un niobiotantalato uranífero de la serie pirocloromicrolita que forma octaedros resinosos decimétricos **(5, 10)**, cuya cristalización es desorganizada debido a su propia radiactividad.

9

x 5

10

x 2

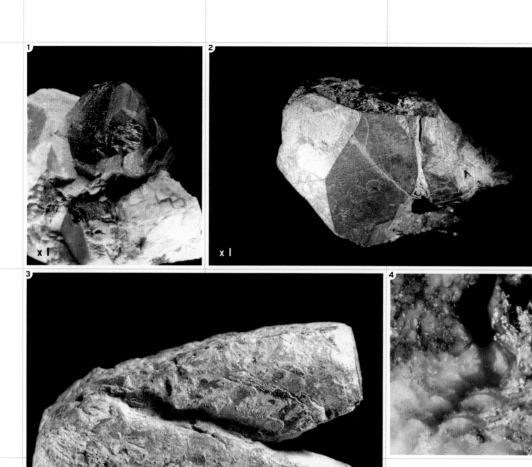

x 1

x 1

x 1

x ½

Columbotantalatos

Las dificultades encontradas para obtener una solución de tantalio le dieron el nombre del héroe griego condenado a sufrir sed eternamente, ya que el agua y la fruta siempre se alejaban de él.

La región noroeste de Estados Unidos, adyacente entonces al Canadá francés, se exploró a partir de 1792. Un barco estadounidense, el *Columbia*, recorrió el río al que dio nombre, así como a la región, que posteriormente pasó a llamarse Oregón. En un nio-botantalato de esa región se descubrió, en 1802, el columbio (de ahí su nombre), que siempre está asociado al tantalio. Cuando se descubrió el tantalio se rebautizó como *nio-bio*, de Níobe, hija de Tántalo, (el pelopio, de Pélope, hijo de Tántalo, resultó ser niobio). Existe una serie continua entre **tantalita (6)** (ferrotantalato), manganotantalita, **nio-bita (1, 2)** (ferrocolumbita) y **manganoniobita**, cuyas estructuras, análogas a las de la brookita (página 56), generan prismas decimétricos estrechos y cortos.

El uranio sustituye siempre en parte al itrio en los columbotantalatos de tierras raras; su radiactividad los hace metamictos (desorganiza su estructura, que pierde la regularidad):
– la **fergusonita (3)** contiene agrupamientos tetraédricos $(NbO_4)^{3-}$ sostenidos por iones de itrio Y^{3+} que forman poliedros (YO_8) con ayuda de oxígenos pertenecientes a ocho agrupaciones (NbO_4), lo cual produce largos cristales prismáticos piramidales; además de uranio (hasta un 7 %), contienen torio y titanio;
– la serie **euxenita-policrasa** posee una estructura análoga a la de la brookita; los cristales, tabulares **(4)** o en prismas de sección casi cuadrada y terminados en una pirámide **(7)**, contienen hasta un 16 % de uranio y un 7 % de torio;
– la **samarskita**, que forma plaquitas o prismas alargados **(5)**, puede poseer hasta un 23 % de uranio y un 5 % de torio;
– la serie **pirocloro-microlito** conduce a la betafita (página anterior).

x ½

x ½

x 3

Cuprita - Calcotriquita

La red cúbica de la **cuprita** contiene un ión de oxígeno O^{2-} en cada uno de los vértices, así como en su centro; cuatro iones de cobre Cu^+ están situados entre ese oxígeno central y cuatro oxígenos de las cúspides de la red, consideradas tetraédricamente. Esto genera cristales cúbicos **(4)**, octaédricos **(1)** o rombododecaédricos, formas que, a veces, se combinan en un mismo cristal **(4)**, aunque siempre predomine una de ellas debido a la influencia de las condiciones físico-químicas imperantes durante su formación. Cuando predomina el crecimiento en una de las direcciones perpendiculares a una cara de la red, aparecen fibras que dan a la cuprita una facies acicular denominada **calcotriquita** ('cabellos de cobre', del griego *thrix, thrikhos*, 'cabellera'); estos agregados capilares **(3)** son propicios para la formación de masas terrosas y le dan un aspecto similar al de la cuprita **(6)**. El color rojo sangre **(7)** de los monocristales centimétricos se oscurece con la luz, por lo que los coleccionistas deben conservarlos protegidos de la luz solar. La cuprita también constituye masas granulosas **(2)**, que pueden acompañar a otros minerales cupríferos, como la dioptasa (silicato de cobre) **(5)**. La oxidación de Cu^+ en forma de Cu^{2+} genera la tenorita (CuO) negra o incluso, por carbonatación, la malaquita, que, en la parte superior de un yacimiento, puede sustituir a la cuprita de un cristal, pero conservando la forma (seudomorfosis).

x 10

x 2

x 1

x 5

x 1

x 2

x 20

x 1

x 2

Casiterita

La **casiterita**, que es el principal mineral de estaño, hizo célebres en la Antigüedad las islas Casitérides, es decir, el sudoeste de la actual Inglaterra (Cornualles), de donde se importaba el estaño, materia prima del bronce. Estructuralmente, el ión de estaño Sn^{4+} se rodea de seis oxígenos O^{2-} para formar un octaedro (SnO_6); cada octaedro, a su vez, se une a su vecino por una arista de dos oxígenos puesta en común, de ahí la formación de una cadena de octaedros (SnO_4). Esas cadenas se unen las unas con las otras mediante oxígenos comunes, de manera que cada oxígeno del mineral sea común a tres octaedros (SnO_6). De todo esto resulta un prisma achaparrado de sección cuadrada terminado en una pirámide (**2, 8**), o un octaedro más o menos estirado en una diagonal (**6**). La íntima asociación de dos cristales según una dirección cristalina común (macla) produce en la unión de los dos cristales un ángulo entrante que recuerda un pico; y por ello esa macla se denomina *pico del estaño* (**3, 4, 7**). Suelen encontrarse cristales de casiterita en las gangas de cuarzo (**1, 5**). Para extraer el estaño, se trituran y, a continuación, se someten a un proceso de concentración industrial que separa la casiterita del cuarzo.

x 1

6

x 1

8

x 2

7

x 5

Rutilo - Brookita - Anatasa

Estos tres minerales constituyen un buen ejemplo de polimorfismo: una misma composición química, pero diferentes disposiciones de los agrupamientos octaédricos formados por un ión de titanio Ti^{4+} rodeado de seis iones de oxígeno O^{2-}, que dan lugar a distintas cristalizaciones. Esos octaedros (TiO_6) forman en el rutilo cadenas rectilíneas (TiO_4) mediante la puesta en común de los oxígenos de dos aristas opuestas, cadenas solidarizadas por puesta en común de oxígenos. En la brookita, los octaedros (TiO_6) ponen en común tres aristas no concurrentes con tres vecinos, de manera que se produce una especie de intercalación de cadenas ondulantes. En la anatasa, los octaedros (TiO_6) ponen en común cuatro aristas consideradas tetraédricamente con cuatro vecinos, de ahí las cadenas helicoidales coalescentes entre ellas mediante oxígenos comunes.

Así, el **rutilo** forma cristales prismáticos alargados, terminados en pirámides cuadradas **(10)** y estirados a lo largo, que en ocasiones se asocian en una «macla en codo» o una «macla cordiforme». La facies acicular **(1, 8)**, que es frecuente, se torna a veces capilar; incluidos en el cuarzo, esos «hilos», llamados *sagenitas*, recuerdan la melena rubia con reflejos pelirrojos de la diosa del amor, de ahí su denominación de **cabellos de Venus (2)**.

La **brookita** forma plaquitas estriadas **(3, 6)** o bien prismas achaparrados, sin una exfoliación nítida.

La **anatasa** forma cristales centimétricos: octaedros que pueden estar muy aplanados según dos cúspides opuestas o bien alargados según esa dirección **(4, 7, 9, 11)**, cuyas facetas están estriadas perpendicularmente al alargamiento; láminas cristalinas a veces transparentes **(5)**.

x 3

x 3

x 1

x 1   x 5   x 1   x 2

8

x 10

9

x

10

x 2

11

x 1

x 3

x 2

Espinelas

La familia de las **espinelas** abarca unos quince minerales que presentan una trama oxigenada cúbica y compacta ligeramente dilatada, equilibrada por iones metálicos situados en la mitad de los planos octaédricos y en la octava parte de planos tetraédricos. Los iones Al^{3+}, Cr^{3+}, Ti^{3+} prefieren los planos octaédricos (espinelas normales) y los iones de Fe^{3+}, los planos tetraédricos (espinela inversa); los iones bivalentes se sitúan en planos tetraédricos y octaédricos que quedan libres. Los cristales suelen presentar formas octaédricas. La espinela *stricto sensu,* aluminomagnesiana y coloreada por una pequeña presencia de otros iones metálicos, se utiliza en joyería (la corona imperial británica está adornada con una gran espinela roja).

La **disluita (1)** es una variedad manganesífera de **ghanita**, espinela aluminocincífera, cuyos cristales octaédricos incorporan en ocasiones pequeñas facetas del cubo y del rombododecaedro.

La **franklinita (3, 6, 8)**, espinela ferricincífera, forma grandes octaedros.

La **cromita (7)**, espinela cromoferromagnesiana, cuyos cristales octaédricos, lisos y no exfoliables, son muy raros, suele formar masas granulosas.

La **magnetita (2, 4, 5)**, espinela inversa ferroférrica, se presenta en cristales octaédricos exfoliables, o en rombododecaedros estriados en el diámetro mayor de sus caras.

x 1

x 3

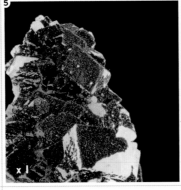

x 1

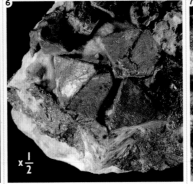

x $\frac{1}{2}$

x 5

Corindón - Ilmenita

Estos dos minerales están constituidos estructuralmente por un apilamiento hexagonal compacto de iones de oxígeno O^2 (en dos tercios de los planos octaédricos), y de iones metálicos: Al^{3+} en el caso del corindón, y una mitad de Ti^{4+} y otra de Fe^{2+} en el de la ilmenita. Esto produce formas cristalinas hexagonales: bipirámides alargadas **(4)** de caras estriadas en perpendicular al alargamiento, que adoptan en ocasiones el aspecto de un barril **(1)** en el caso del corindón, y plaquetas en el caso de ambos minerales, principalmente la ilmenita **(3)** y el corindón rojo. Su estructura laminar conlleva la presencia de planos de separación marcados: por estrías en las facetas del corindón bien cristalizado **(1, 4)** (otrora llamado **telesia**, del griego *teleos*, 'entero'), por la formación de masas laminares de corindón (en otro tiempo denominado **harmotoma**, que se corta según las uniones, del griego *armos*, 'unión', y *tomé*, 'corte') que puede hacerse granuloso (**esmeril**, del griego *smaôô*, 'yo froto', de donde procede *smyris*, 'tierra para pulir') o por una exfoliación en la ilmenita, que puede formar láminas y cúmulos granulosos.

Una pequeña presencia de diversos iones sustituyendo al aluminio (hasta el 1 %) provoca distintas coloraciones en el corindón, que recibe, entonces, nombres específicos: rubí (rojo, **1**), zafiro (azul, **4**), zafiro amarillo, rosa, violeta, etc. En joyería, únicamente se aprecian si son perfectamente transparentes, lo que ocurre con poca frecuencia y sólo con cristales de pocos gramos.

El corindón aparece dentro de rocas pobres en sílice en condiciones físicas correspondientes a unos 20 km de profundidad. Aflora a la superficie a través de volcanes de basalto o bien por movimientos de tierra vinculados a la deriva de los continentes. La asociación zoisita verde – rubí rocoso **(2)**, muy común (la masa de esos rubíes opacos suele alcanzar varios kilogramos), se utiliza habitualmente en ornamentación.

Desde principios del siglo XX se han producido artificialmente y se han comercializado en bisutería cristales de corindones rojos y azules.

Las plaquetas de **ilmenita** se agrupan en paralelo las unas con las otras y forman combinaciones circulares que recuerdan los pétalos de una flor, llamados *rosetas de ilmenita*, apreciadas por los coleccionistas **(3)**.

x 10

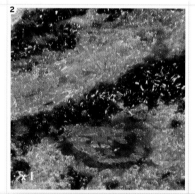

x 1

x 3

x 17

x 17

x$\frac{1}{2}$

x 3

Hematites

Estructuralmente, la **hematites** es un corindón cuyos iones de aluminio Al^{3+} han sido sustituidos por iones de hierro Fe^{3+}, y sus cristales son, por lo general, plaquetas hexagonales que suelen unirse paralelamente las unas a las otras **(1)**, formando en ocasiones conjuntos circulares llamados *rosas de hierro* **(9)**. La hematites también se presenta en cristales romboédricos casi cúbicos **(8, 5)**, que antes se conocían con el nombre de **oligistos**, debido a su pequeño número de facetas (del griego *oligos*, 'poco numerosos'). La hematites también presenta facies micáceas y fibrosas **(7)** que pueden dar lugar a concreciones mamelonadas **(4)**, e incluso a agregados estalactiformes **(3)** de textura fibrorradiada **(2)**. Cuando las masas de hematites pierden su coherencia y se tornan terrosas, se disgregan dando lugar a un polvo rojo sangre característico del mineral, lo cual le ha valido su nombre (del griego *aima, aimatos*, 'sangre'), y constituye el **ocre rojo**. Cuando la hematites es sustituida completamente por magnetita, pero conservando las formas cristalinas, se denomina *martita* **(6)**, del griego *martys*, 'testigo', ya que la conservación de la forma inicial atestigua dicha sustitución, o seudomorfosis. La hematites compacta microfibrosa suele utilizarse en joyería, en ocasiones en forma de camafeos o de piedras preciosas grabadas en hueco, y con menor frecuencia en lugar del diamante negro, ya que posee su mismo lustre.

El polvo de hematites es un abrasivo blando (dureza de Mohs: 6), empleado por los lapidarios con el nombre de *rojo inglés*.

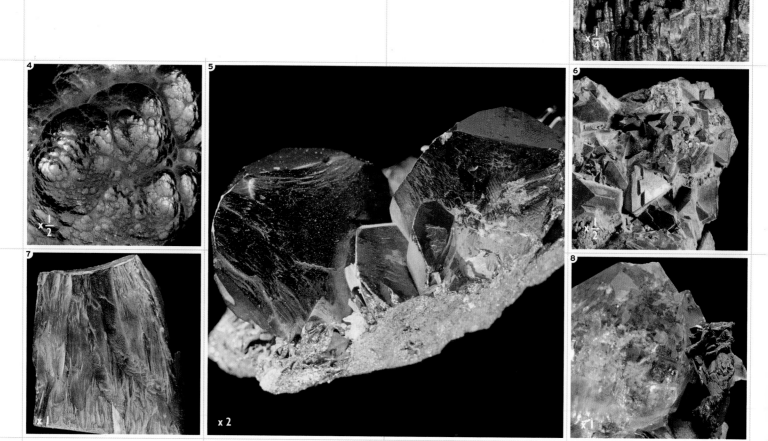

x$\frac{1}{2}$

x 2

x 1

x$\frac{1}{4}$

x$\frac{1}{2}$

x 1

9

x 4

Crisoberilo

El **crisoberilo** (o **cimofana**), estructuralmente constituido por un apilamiento hexagonal casi compacto de iones de oxígeno O^{2-} en el que la cuarta parte de los planos octaédricos están ocupados por iones de aluminio Al^{3+} y la octava parte de los sitios tetraédricos por iones de berilo Be^{2+}, forma prismas aplanados **(2)** a menudo asociados de tres en tres en una macla en forma de hexágono. Correspondientes a canalillos internos, unas estrías perpendiculares a la base de los prismas rayan sus caras; a esos canalillos estructurales está vinculada una luminosidad móvil (con el brillo de las olas, del griego *kyma*, 'oleaje', y *phanos*, 'luminoso'), que puede alcanzar el tornasol.

Los crisoberilos cromíferos, que son verdes a la luz del sol y rojos a la luz de las velas (alejandrita, **2**), son muy preciados en joyería. Actualmente, se fabrican industrialmente cristales artificiales de dicho mineral para la bisutería.

Perowskita

En la **perowskita**, cada agrupamiento octaédrico (TiO_6), formado por un ión de titanio Ti^{4+} y seis iones O^{2-}, se sitúa en los vértices de un cubo y se une a sus seis vecinos mediante oxígenos comunes. Éstos, a su vez, constituyen una red cúbica $(TiO_3)^{2-}$ con grandes cavidades (O_{12}) formadas por doce O^{2-} situados en el centro de las aristas de la red cúbica y ocupadas por un ión de calcio Ca^{2-}. Todo esto genera cristales cúbicos **(1)**, en ocasiones octaédricos, de caras estriadas.

Cristales artificiales análogos, en los que el estroncio sustituye al calcio, se han fabricado como imitación del diamante, a pesar de su escasa dureza (H=5), debido a sus propiedades ópticas; y se han comercializado en bisutería bajo diversos nombres de fantasía como *astrolita* o *fabulita*.

x 5

x 1

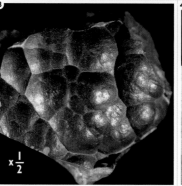

x ½

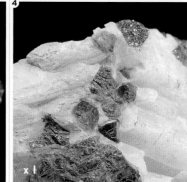

x 1

Cincita

La **cincita** es un apilamiento hexagonal compacto de iones de oxígeno O^{2-}, en el que la mitad de los planos tetraédricos están ocupados por iones Zn^{2+}. Forma raras pirámides hexagonales limitadas por una base y se exfolia fácilmente. Suele presentarse en masas foliadas de color rojo anaranjado oscuro **(7)**, atribuido a la presencia de manganeso en sustitución del cinc. Constituye algunos minerales de cinc con otros minerales cincíferos, como la **witherita (4)** y la **franklinita (6)**.

Masicote – Coronadita

El **masicote (5)**, u óxido de plomo dimorfo del litargirio, forma capas o masas pulverulentas como consecuencia de la oxidación de sulfuros plomíferos, especialmente en climas desérticos. Se obtiene masicote artificial calentando plomo metal a unos 500 °C al aire libre. Si se oxida después de ser triturado, el masicote se transforma en minio, es decir, en plumbato de plomo, y se utiliza como pintura antioxidante y en vidriería para obtener vidrios brillantes, como los strass de bisutería y las cristalerías de mesa.

La **coronadita (3)**, manganoplomífera y fibrosa, forma masas concrecionadas compactas y es una psilomelana en la que el plomo ha sustituido al bario (véase la página 66).

x 1

6

x 3

7

x 3

Óxidos e hidróxidos manganesíferos

El manganeso ($1\ ^{o}/_{oo}$ de la masa de la corteza terrestre) es fácilmente oxidable y forma dendritas negras de **pirolusita** y de **psilomelanas (1, 5)** en las fisuras de las rocas debido a la acción de bacterias.

Las **psilomelanas (9)** constituyen principalmente concreciones masivas, compactas, porosas, terrosas o pulverulentas de manganatos manganosos (pueden contener litio, potasio, calcio, bario, cobre, cobalto y plomo) que acaban por cristalizarse:

– la **romanequita (3)**, psilomelana *stricto sensu*, es barífera y forma concreciones compactas mamelonadas, normalmente cubiertas por un fino conglomerado de finas agujas que indican un comienzo de cristalización;

– la **coronadita** (página anterior, **7**) es plomífera y cristaliza en masas fibrosas botrioidales. De estructura idéntica a la del rutilo (página 56), la **pirolusita** primaria se exfolia perfectamente y forma prismas piramidales de sección cuadrada y con caras piramidales estriadas **(polianita, 6)**; cuando es secundaria, seudomorfosea la manganita, o bien constituye por deshidratación psilomelanas de masas fibrorradiadas **(4)** o terrosas que manchan los dedos.

Los agrupamientos octaédricos $[MnO_3(OH)_3]$ de la **manganita** (o **acerdesa**), mineral primario de baja temperatura, forman por medio de aniones comunes cadenas coalescentes, de ahí los cristales en prismas alargados y estriados **(2, 7)**, cuyas caras son direcciones de exfoliación perfecta. Por deshidratación, la manganita se transforma en pirolusita, más estable. Es un constituyente importante de los filones de mineral de manganeso.

Asociada al topacio en las rocas volcánicas ácidas de Utah, la **bixbita**, óxido de manganeso ferrífero, se puede presentar en cristales cubooctaédricos centimétricos **(8)**, pero, sobre todo, en masas negras que pueden llegar a constituir importantes yacimientos.

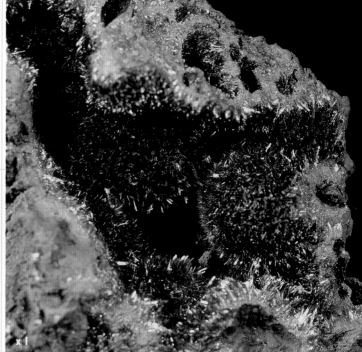

x 4

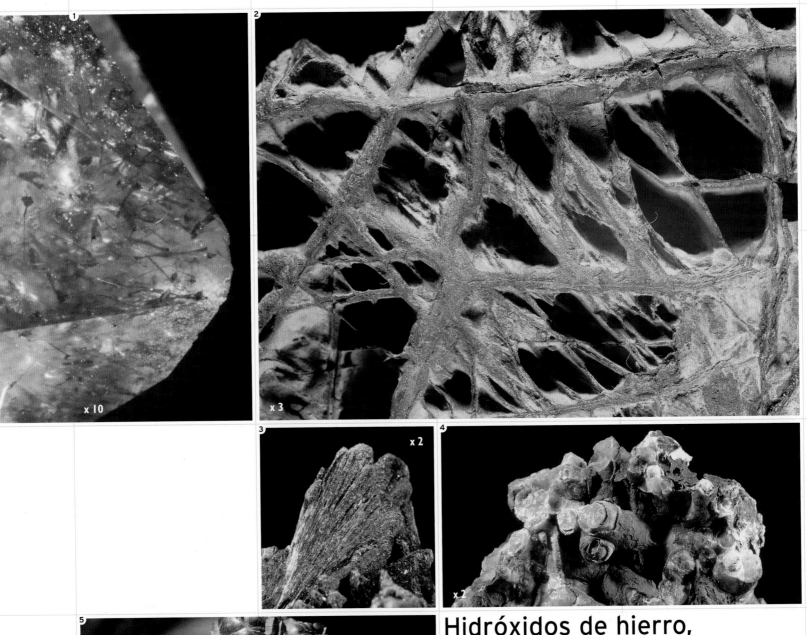

Hidróxidos de hierro, magnesio y aluminio

La **goethita** está formada por un apilamiento compacto de iones de oxígeno O^{2-} y de oxidrilo $(OH)^-$ en igual número, cuyos iones de hierro Fe^{3+} ocupan la mitad de los planos octaédricos, constituyendo así dobles cadenas de octaedros. Los cristales en forma de prismas estriados o tabulares recuerdan a la manganita **(3)**, pero su formación es poco frecuente; en cambio, la facies fibrorradiada **(10)** es más común y suele presentar un aspecto de masas mamelonadas **(5)**. La goethita se encuentra abundantemente en inclusiones densas en la amatista **(1)**. Mezclada con geles de hierro hidroxilado y con la lepidocrocita (su dimorfo), la goethita forma masas compactas cavernosas denominadas **limonitas (2)**, cuyos reflejos dorados pueden llevar a creer que se trata de oro **(9)**.

El **diásporo (6)**, de estructura análoga (en la que el aluminio sustituye al hierro), se presenta en cristales laminares perfectamente exfoliables (en ocasiones tallados para joyería, a pesar de su fragilidad) que producen laminillas flexibles, y también aparece en agregados escamosos.

La **gibbsita** (o hidrargilita) está constituida por láminas $Al(OH)_3$ débilmente unidas entre sí por enlaces de hidrógeno, formados, a su vez, por dos capas de oxidrilos $(OH)^-$ en disposición compacta y sostenidos por iones de Al^{3+} que ocupan dos tercios de los planos octaédricos. De este mineral se obtienen masas laminadas y tabletas seudohexagonales de exfoliación perfecta **(4)**. Mezclada con geles de aluminio, con el diásporo y con la boehmita (dimorfo del diásporo), constituye **bauxitas (7)** y lateritas.

La estructura de la **brucita** es similar a la de la gibbsita: hojas de $Mg(OH)_2$ unidas por débiles fuerzas de tipo Van der Waals, formadas por dos capas de hidroxilos sostenidos por iones Mg^{2+} que ocupan todos los planos octaédricos de las dos capas. Así se obtienen cristales tabulares hexagonales, masas laminares cuya exfoliación presenta un aspecto nacarado que recuerda al yeso; su facies fibrosa **(8)** se denomina **nemalita** (del griego *nèma*, 'hilo', y *lithos*, 'piedra').

6

x I

7

x $\frac{1}{2}$

8

x $\frac{1}{2}$

9

x I

10

x 3

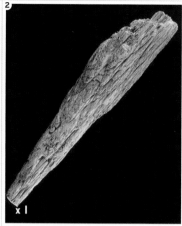

Óxidos de antimonio

La estibina (página 44) se transforma por oxidación en diversos minerales, algunos de los cuales conservan su facies:

– la **kermesita** conserva una estructura próxima a la de la estibina y puede presentarse en forma acicular fibrorradiada **(1, 5)**, en laminillas flexibles o en capas rojas pulverulentas acompañando a los demás productos de oxidación de la estibina;

– la **senarmontita** constituye masas granulosas blancas, en algunos casos con cristales octaédricos adamantinos **(6)**;

– la **valentinita** es mucho más común que la senarmontita, de la que es dimorfa. Este mineral forma cristales prismáticos alargados o tabulares que al exfoliarlos muestran un brillo nacarado. Estos cristales suelen formarse en abanico **(3)**, pero también como masas fibrorradiadas (a consecuencia de una estructura de cadenas) y granulosas, a veces incluso cavernosas **(4)**, como resultado de la alteración superficial de los yacimientos de antimonio;

– el principal producto de la alteración de la estibina, la **estibiconita**, 'ceniza de antimonio' (del griego *konis*, 'ceniza'), seudomorfosea los cristales de los que procede **(2)** y forma incrustaciones masivas de color amarillo pálido.

x 2

x 8

Halita - Silvina - Salmiac

Complemento alimentario indispensable, la **sal gema** (o **halita**) fue y sigue siendo objeto de no pocos intercambios, impuestos y contenciosos: así, en Francia, la extracción de sal utilizando agua caliente en la región de Dieuze, en Lorena, provocó su anexión por el imperio alemán durante la guerra de 1870.

La red cúbica de la halita está formada por dos apilamientos cúbicos compactos interpenetrados, uno de iones de sodio Na^+ y el otro de iones de cloro Cl^-. Los cristales son cubos, a veces de hasta un metro de lado, con una exfoliación perfecta **(8)** que con la humedad, se disuelven y se redondean **(5)**. En estado puro, la halita es incolora, pero la presencia de accidentes de cristalización (cavidades estructurales, dislocaciones, sustituciones) la colorean, principalmente de azul **(2)**, aunque también de muchos otros colores **(1, 4, 7)**. Las formas en tolva, bien conocidas por las amas de casa, son típicas de la cristalización desarrollada en salinas.

La **silvina** constituye el principal mineral de la potasa. Las minas de potasa de Alsacia sólo conservaban la silvina durante el tratamiento del mineral y tiraban al Rin la halita que extraían, así fue cómo contribuyeron a hacer el Rin salobre y a modificar su fauna. La red de la silvina es idéntica a la de la halita, con iones de potasio K^+ en sustitución de los de sodio. Los cristales son escasos y pequeños, cúbicos **(3)** como los de la halita, pero con una exfoliación difícil. Durante su cristalización, la silvina precipita después de la halita.

La red cúbica del **salmiac** contiene un ión de cloro Cl^- en cada vértice y uno de amonio $(NH_4)^+$ en el centro. Los cristales aislados, tetragonotrioctaedros (llamados *leucitoedros*, véase la página 182, fig. 3), son excepcionales; el salmiac se presenta más bien en incrustaciones y aglomeraciones dendritiformes **(6)**.

x 2

x 5

x 1

x 1

x 1

x 1

Fluoritas de todos los colores

La **fluorita** está constituida por un apilamiento cúbico compacto de iones de calcio Ca^{2+} que forman planos tetraédricos en los que se sitúan iones de flúor F^-, de ahí su exfoliación octaédrica perfecta. Sus cristales pueden llegar a ser muy grandes (hasta de medio metro de lado), generalmente cúbicos, de aristas a veces truncadas **(1)** y, más raramente, octaédricos **(9)**.

Incolora y perfectamente transparente en su composición ideal, la fluorita suele presentar un color azul violáceo **(6)**, a causa del bombardeo de iones que sufre cuando su yacimiento cuenta con minerales radiactivos. La fluorita desprende un olor a ozono cuando se frota, un hecho del que nuestros antepasados ya eran conscientes a principios de nuestra era: «Esta piedra también es codiciada por su olor», escribía Plinio a propósito de la fluorita tallada en forma de copa para beber.

Como consecuencia de varios accidentes de cristalización, la fluorina también puede presentarse de cualquier color: rosa, verde, amarillo, etc. **(2, 5, 7)**.

Mineral clásico de ganga de filones metalíferos, la fluorita suele estar asociada en una misma muestra con otros minerales de ganga como la calcita **(3)**, la baritina **(8)** o con sulfuros metálicos como la galena **(4)**, la calcopirita **(10)**, etc.

x 1

x 1

x 1

x 1

x 1

10

x 2

Fluorita

La **fluorita** es un mineral estratégico para nuéstras sociedades, de hecho interviene como fundente en las metalurgias, tanto en las de aluminio y acero como en las de cobre y plomo. Los filones explotados con fines industriales contienen fundamentalmente cúmulos de fluorita granulosos y masivos, que pueden presentar zonaciones **(5)** vinculadas a las ligeras variaciones de las condiciones fisicoquímicas que se hayan podido dar durante la «colocación» del mineral en el filón.

Siempre presente, pero con distinta intensidad, la luminiscencia malva de la fluorita bajo la luz negra engendró el sustantivo *fluorescencia* para designar el fenómeno que le es característico, y se descubrió por primera vez en este mineral.

Los colores de la fluorita siguen, en un mismo cristal, sus zonas de crecimiento, destacando unas veces las aristas **(6)** y otras, las caras **(1, 4)**.

En algunos filones de fluorita, la unión masiva de cristales zonales apretados los unos contra los otros propicia un aspecto festoneado, muy buscado por su estética. Por ejemplo, las explotaciones mineras de Derbyshire aprecian mucho los llamados *blue john*, nombre adaptado del francés *bleu jaune* ('azul amarillento') **(2)**, ya que se utiliza para fabricar jarrones y objetos de vitrina.

La fluorita raramente forma cristales octaédricos **(3)**, por lo que están muy bien valorados por los coleccionistas. En los encuentros de mineralogistas, se ofrecen principalmente octaedros de exfoliación, obtenidos a partir de cubos monocromos; en realidad, el único interés que revisten es la fácil realización de una línea decorativa de octaedros de todos los colores y de tamaños crecientes.

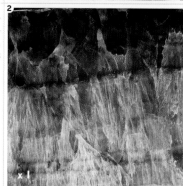

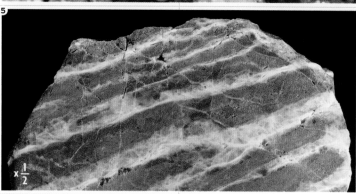

x 1

Sales de plomo, plata y mercurio

Los numerosos oxihalogenuros de plomo son minerales raros procedentes de yacimientos de plomo vinculados a lagunas que se evaporan en condiciones desérticas. La **paralaurionita (3**, aquí acompañada de **diaboleíta**), dimorfa de la laurionita, también se exfolia perfectamente y forma tabletas y prismas planos y alargados.

Las sales de plata son más frecuentes. La **cerargirita (8)** (o **clorargirita**) forma una serie continua con la bromargirita (o bromirita); los iones Cl^- (o Br^-) y Ag^+ se alternan a lo largo de las aristas de la red cúbica; los cristales son cubos o cubooctaedros que se ennegrecen a la luz del día; la cerargirita suele ser masiva y de aspecto céreo; cortándola con una cuchilla, pueden obtenerse virutas de la misma (de ahí su nombre).

La **yodirita (7)**, menos común, contiene dos apilamientos hexagonales compactos de iones de yodo I^- y de plata Ag^+ interpenetrados; los cristales son prismas hexagonales piramidales terminados en el lado opuesto por una base, que constituye, al mismo tiempo, una dirección de exfoliación perfecta.

El **calomelanos (5)**, 'miel bella' (del griego *kalos*, 'bello', y *meli*, 'miel'), se ennegrece al contacto con la luz del día y está constituido por moléculas lineales (Cl-Hg-Hg-Cl) unidas en paralelo; por alteración de cinabrio, a menudo en clima desértico, forma cúmulos cerosos de aspecto córneo (del alemán *Hornquecksilber* o *Quecksilber-Hornerz*, 'mineral de azogue córneo') así como bellos cristales de facies variable como tabletas y prismas de sección cuadrada, en ocasiones, cortos como un cubo.

x 5

x 3

Villiaumita y aluminofluoruros

Los iones de flúor F^- y sodio Na^+ se alternan en las aristas de la red cúbica de la **villiaumita**. Sus raros cristales, cubos de color rojo carmín **(6)** solubles en agua, se exfolian fácilmente según el cubo, pero la villiaumita forma, más bien, masas con aspecto de escalera.

Los aluminofluoruros contienen agrupamientos octaédricos independientes $(AlF_6)^{3-}$ constituidos por un ión Al^{3+} rodeado por seis iones de flúor F^-. En la **criolita (9, 10)**, dichos agrupamientos se encuentran en el centro y en los vértices de una red seudocúbica; varios iones de sodio Na^+ se colocan, por un lado, en el centro de la red, donde se agrupan (NaF_6) con iones de flúor procedentes de los seis grupos (AlF_6) vecinos y, por otro lado, en el centro de cada octava parte de la red, cuyos vértices son tres iones Al^{3+} y tres iones Na^+, donde forman agrupamientos (NaF_{12}) con los iones de flúor procedentes de los tres grupos (AlF_6) vecinos. Los cristales, poco comunes, son seudocubos **(10)** o seudooctaedros, que suelen estar asociados (maclas repetitivas). La criolita forma, casi siempre, masas blancas que se alteran en distintas especies minerales como la **thomsenolita (2)** o su dimorfo, la **pachnolita (1)**, aluminofluoruros de sodio y calcio hidratados, o incluso la **ralstonita (4)**, hidroxifluoruro de aluminio hidratado.

La criolita fue durante mucho tiempo un mineral importante para la producción de aluminio por electrólisis, ya que desempeñaba la función indispensable de fundente catalizador, que actualmente recae en productos artificiales.

x 1

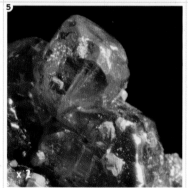

x 2

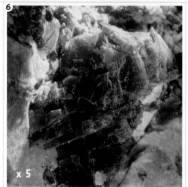

x 5

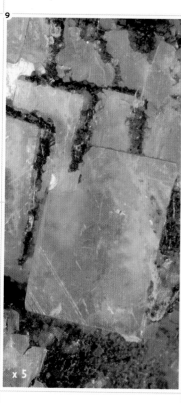

x 5

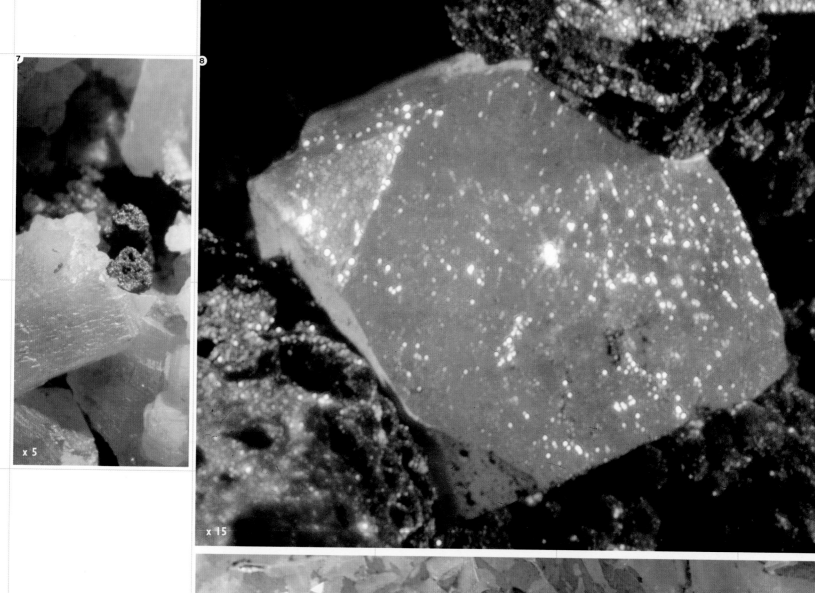

x 15

x 5

x 3

Cloruros cuproplumbíferos

La **atacamita**, hidroxicloruro de cobre, forma largos prismas estriados de color verde y de exfoliación longitudinal perfecta **(5)**, no obstante, también puede formar cúmulos fibrosos **(1, 9)** o granulosos cuando se encuentra en lagunas en evaporación situadas en climas secos. Una mayor concentración de cloro genera la **nantokita (7)**, constituida por dos apilamientos cúbicos compactos que se interpenetran, uno de iones de cobre Cu^+ y el otro de iones de cloro Cl^-. Generalmente masiva, la nantokita se exfolia perfectamente según el cubo.

Entre los raros hidroxicloruros cuproplumbíferos hidratados, los más famosos, de color azul índigo profundo y azul intenso, tetragonales y en ocasiones seudocúbicos, son la **boleíta (3)**, argentífera, que forma seudocubos de exfoliación perfecta según una de sus caras, y la **cumengeíta (10)**, que suele crecer generando octaedros tetragonales sobre la boleíta, dándole un aspecto de maza de seis puntas. La **percilita (4)**, hidratada y no hidroxilada, también forma cubos exfoliables de color azul cielo y cúmulos granulosos.

La **nadorita** es plumbantimoniosa y forma prismas alargados **(2)**, cristales tabulares exfoliables según las tabletas, que se agrupan en cúmulos radiantes, en abanicos o en haces **(6)**. La **connellita (8)**, más compleja, es un raro hidroxiclorosulfato de cobre hidratado, a menudo asociado al cobre nativo, cuyos cristales aciculares azules se unen formando pequeñas masas radiadas.

x 12

Aragonito

La estructura del **aragonito** consiste en un apilamiento hexagonal compacto de iones de calcio Ca^{2+}, distendido por agrupamientos carboxilos $(CO_3)^{2-}$ planos y paralelos entre sí, que ocupan todos sus planos octaédricos. Cada ión de calcio está rodeado por seis agrupamientos carboxilos que le «prestan» uno o dos oxígenos según su posición. Los iones de calcio están en el centro de una «jaula» formada por nueve iones de oxígeno O^{2-}. Los cristales aislados, prismas de base rómbica (3), son muy escasos; se asocian de tres en tres para formar un prisma seudohexagonal (7) estriado a lo largo, cuya exfoliación paralela a lo largo es difícil y deslustrada, al contrario de lo que sucede con la calcita. Estos cristales se encuentran en algunas margas salinas, dentro de fisuras de basalto alterado (1). Las facies fibrosas o fibrorradiadas (4, 8) son bastante comunes y producen masas fibrosas (6, 2), estalactitas como en las fuentes termales, esférulas y aspectos coralinos como las **flos-ferri (5)**, flores de hierro en las que el aragonito se asocia con la limonita. Los esqueletos y caparazones de muchas especies de animales contienen aragonito. Éste es el caso de las perlas y de algunos huesos, sobre todo de nácares.

7

8

x 1

x 1

x 1

Estroncianita - Witherita - Cerusita

Los minerales de la familia del aragonito tienen una estructura en la que los iones de calcio Ca^{2+} están sustituidos por otros iones metálicos: estroncio Sr^{2+} en el caso de la estroncianita, bario Ba^{2+} en el caso de la witherita, y plomo Pb^{2+} en el caso de la cerusita. Del mismo modo que el aragonito puede contener un poco de plomo o de bario, la estroncianita puede contener algo de calcio y convertirse entonces en **estroncio-calcita (4)**.

En arcillas o margas, la **estroncianita (6)** forma prismas seudohexagonales, a menudo asociados como en el aragonito, o fibras que constituyen cúmulos.

Al igual que en el aragonito, los cristales prismáticos de **witherita (5)** se asocian y forman prismas seudohexagonales piramidales y estriados perpendicularmente en su alargamiento; la witherita es fibrosa y constituye masas fibrorradiadas mamelonadas que se incrustan **(3)**.

Los cristales prismáticos de **cerusita (7)** suelen ser alargados, planos y estriados perpendicularmente en el alargamiento, aunque también se pueden encontrar en disposiciones laminares **(1)**. A menudo se asocian en uniones reticuladas o en ruedas de seis dientes **(2**, aquí el sexto diente no se ha desarrollado). La cerusita también forma masas blancas terrosas.

x 3

x 1

x 2

x 5

Calcita

La estructura de la **calcita** está constituida por un apilamiento cúbico compacto de iones de calcio Ca^{2+}, distendido por agrupamientos carboxilos planos $(CO_3)^{2-}$, situados en la mitad de sus planos tetraédricos perpendicularmente a una de las diagonales del cubo. Cada ión de calcio forma con los seis oxígenos prestados por sus vecinos un octaedro (CaO_6) de dos caras opuestas paralelas a los planos de los carboxilos. La simetría se torna romboédrica y los cristales adoptan todas las formas y combinaciones de formas posibles de dicho sistema. La exfoliación perfecta de esos cientos de formas que da siempre como resultado un mismo romboedro permitió al abad Haüy establecer las bases de la cristalografía. Entre las formas más famosas, cabe destacar los distintos romboedros, los escalenoedros denominados *dientes de perro* **(6)** y los prismas cortos terminados en tres caras llamados *dientes de cerdo* **(5, 2)**.

La calcita, que es muy transparente y forma romboedros que permiten ver fácilmente sus direcciones de exfoliación perfecta, se conoce popularmente como *espato de Islandia* **(3)** (del alemán *Splitter*, 'astilla'), que significa 'piedra que se divide en hojas procedente de Islandia'.

Las maclas de calcita (asociaciones de dos individuos cristalinos según ciertas direcciones cristalinas destacables) son frecuentes y en ocasiones generan figuras que pueden recordar diversos objetos, como la macla denominada *cordiforme* **(4)** o *en forma de mariposa*. A veces, la calcita está totalmente disuelta y sustituida en todo su volumen primitivo por otra materia (fenómeno conocido como *seudomorfosis*, 'aspecto engañoso', del griego *pseudô*, 'engaño', y *morphé*, 'forma'), como sucede en esta calcita seudomorfoseada por arenisca de Fontainebleau **(1)**.

x 1

x 1

x 1

x 1

$x \frac{1}{2}$

x 1

x 3

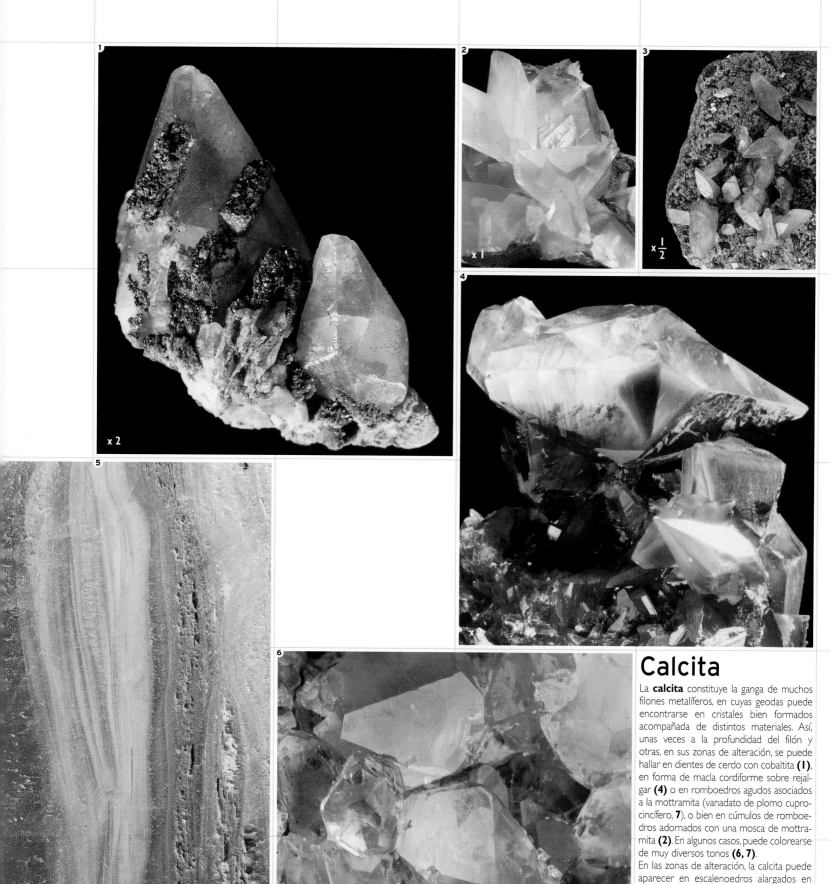

Calcita

La **calcita** constituye la ganga de muchos filones metalíferos, en cuyas geodas puede encontrarse en cristales bien formados acompañada de distintos materiales. Así, unas veces a la profundidad del filón y otras, en sus zonas de alteración, se puede hallar en dientes de cerdo con cobaltita (**1**), en forma de macla cordiforme sobre rejalgar (**4**) o en romboedros agudos asociados a la mottramita (vanadato de plomo cuprocincífero, **7**), o bien en cúmulos de romboedros adornados con una mosca de mottramita (**2**). En algunos casos, puede colorearse de muy diversos tonos (**6, 7**).

En las zonas de alteración, la calcita puede aparecer en escalenoedros alargados en superficies tapizadas de cloritas ferrosas como la dafnita (**3**).

Las fuentes termales y la sedimentación marina pueden precipitar la calcita en capas, en las cuales se alternan zonas criptocristalinas y macrocristalinas fibrosas, que conducen a geodas minúsculas o de tamaño considerable; con un buen aserrado, estos «mármoles encintados» resultan ser interesantes placas decorativas (**5**).

7

x 5

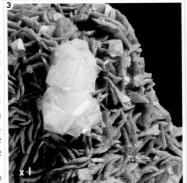

Siderosa - Magnesita - Dolomita

La siderosa y la magnesita poseen la estructura de la calcita, ya que los iones de calcio Ca^{2+} son sustituidos respectivamente por iones de hierro Fe^{2+} y por iones de magnesio Mg^{2+}. En ocasiones, la siderita es ligeramente calcífera; una sustitución progresiva y total del hierro por el magnesio la convierte en magnesita, y también existe una serie continua siderita-rodocrosita por intercambio hierro-manganeso.

A menudo masiva y en filones (mineral de hierro), la **siderosa** tiende a formar romboedros de caras curvas y bordes cortantes que, agrupados, podrían llevar a confundirla con una baritina crestada (**3**, aquí, con algunos cristales de cuarzo colocados sobre ella). A veces, la siderosa une sus cristales en forma de rosetas y entonces reciben el nombre de **flores de siderosa (1)**. También es frecuente ver sus romboedros recubiertos de cuarzo y tapizados de agujas **(5)**.

En la serie siderosa-magnesia, se denomina **mesitina** a una siderosa con un contenido considerable de magnesia, y **breunnerita (2)** a una giobertita con mucho hierro.

La **magnesita** (o **giobertita**) puede presentarse en romboedros planos con exfoliaciones perfectas de aspecto nacarado; es masiva **(7)** y recuerda el aspecto de las dolomías o el de la creta.

La sustitución de la mitad de los iones de calcio Ca^{2+} por iones de magnesio Mg^{2+} en la estructura de calcita de la **dolomita** reduce su simetría, aunque siga siendo romboédrica **(6)**; a veces, la dolomita se instala en compañía del cuarzo, alrededor del cual construye una especie de gorguera **(4)**. La dolomita es el mineral principal de la dolomía, roca especialmente abundante en los Dolomitas, una región de los Alpes italianos. Las caras de sus cristales, en general romboédricas, se tornan curvas con el intercambio de magnesio-hierro, que la convierte en **ankerita**.

x 3

Rodocrosita - Smithsonita

La rodocrosita y la smithsonita poseen la estructura de una calcita cuyos iones de calcio Ca^{2+} han dejado su lugar a iones de manganeso Mn^{2+} y de cinc Zn^{2+}, respectivamente. Su facies, en general fibrosa, suele adoptar un aspecto festoneado. De forma excepcional, estos minerales se pueden presentar en bellos cristales aislados con forma romboédrica o escalenoédrica.

La **smithsonita** es históricamente el primer mineral de cinc, difícilmente degradable, ni siquiera por la acción de los ácidos, y rara vez se presenta en romboedros bien desarrollados **(5)**. A veces forma cúmulos importantes y muestra un color azul verdoso resultante de pequeños intercambios cinc-cobre y, más raramente, un color rosa derivado de una ligera sustitución cinc-cobalto. Sus concreciones fibrorradiadas **(2)**, más o menos mamelonadas o estalactiformes y fáciles de pulir, sirven para la fabricación de objetos; en ocasiones es presentada como *bonamita*, adaptación francesa de Goodfriend, apellido de los comerciantes que la popularizaron.

La **dialogita**, antiguo nombre de la rodocrosita, designa ahora sus cristales rosas bien formados, en ocasiones agrupados en esférulas radiadas erizadas de puntas cristalinas **(1)**. Presentadas a veces bajo el nombre de **rosa inca**, las masas festoneadas rosas de rodocrosita **(3, 4)** se pulen bien y son muy codiciadas tanto para la fabricación de alhajas como para esculpir objetos y estatuillas.

Malaquita - Azurita

La azurita y la malaquita se caracterizan por la presencia de iones de cobre Cu^{2+} situados en el centro de cuadriláteros constituidos por dos oxidrilos (OH)$^-$ y por dos oxígenos O^{2-} procedentes de agrupamientos carboxilos (CO$_3$). El entorno octaédrico de iones de cobre está completado por dos oxígenos en el caso de la azurita y por oxidrilos en el de la malaquita. Al sustituir una cuarta parte de sus grupos carboxilos (CO$_3$)$^{2-}$ por dos oxidrilos (OH), la azurita se transforma en malaquita y su color cambia. Por dicha razón sólo se utilizó en un tipo de pinturas en la Edad Media, con el nombre de *azul de montaña*, cuando faltaba lazurita (página 184), denominada *azul de ultramar*, por su color estable.

La **azurita** se presenta en cristales macroscópicos de facies variadas: láminas alargadas (**5**, chesilita), placas seudohexagonales (**1**), prismas achaparrados y asociaciones globulosas de cristales o rosetas. En ocasiones constituye concreciones de masas fibrosas que forman festones, a veces geódicos (**2**), en los que las capas de azurita se alternan con las de malaquita.

La **malaquita** seudomorfosea cristales de azurita (**3**) y también forma prismas alargados, incluso aciculares (**6**). Sus cristales pueden cubrir grandes superficies (**4**), aunque generalmente se presentan con facies fibrosas, en concreciones festoneadas (**7**) o estalactiformes, y se utilizan como alhajas y en decoración.

Carbonatos hidroxilados

La **rosasita (5)** es una malaquita cincífera que se presenta en incrustaciones fibrosas y mamelonadas de aspecto similar al de la malaquita.

La **hidrocincita**, cincífera **(1)**, y la **auricalcita**, cuprocincífera **(7)**, tienen estructuras próximas a la de la azurita. Estos dos minerales forman finos cristales aciculares **(7)** y masas incrustantes de tipo fibroso, laminar o incluso terroso **(1)**, en las que se asocian la smithsonita y la hemimorfita, aunque los mineros se refieren a todas ellas con el mismo término: *calamina*. Los cristales de auricalcita, generalmente más alargados, se asocian mucho en matas globulares **(7)**.

De estructura vecina, la **hidrocerusita**, plumbífera **(6)**, forma cristales hexagonales de brillo nacarado, tabulares o en forma de barriles, que con una excelente exfoliación basal consiguen un aspecto laminado. Actualmente también se cristalizan microplaquetas hexagonales de cerusita artificialmente que, incorporadas en resinas incoloras, se utilizan para cubrir bolas de vidrio que se venden como perlas de imitación (muy comercializadas en todos los países, aunque en Francia, por ejemplo, están prohibidas para evitar el saturnismo).

También próxima, la **dawsonita (3)**, aluminosódica, se encuentra en pequeños grupos fibrorradiados en fisuras de arenisca arcillosa.

La **fosgenita (4)** tiene una exfoliación basal perfecta gracias a la ligera unión de hojas estructurales $[Pb_2Cl(CO_3)]^+$ mediante iones de cloro Cl^-. Se presenta en cortos prismas estriados de sección cuadrada, a veces bipiramidales, y se suele encontrar en yacimientos plumbíferos comunicados con el mar.

Cerífera, la **bastnaesita (2)** forma cristales tabulares, en ocasiones decimétricos, que tienden a separarse en láminas. Aquí desarrollada sobre dolomita, da la sensación de formar apilamientos.

x 20

Salitre - Carbonatos hidratados

El **salitre**, 'sal de piedra', se forma en las viejas paredes de cuevas húmedas. Si se mezcla con pólvora de carbón y se le aplica calor, explota, por lo que no es de extrañar que los parisinos insurgentes de las Tres Gloriosas de 1830 lo utilizaran como munición. Por la misma razón el arsenal de Luis XIII se conoció como La Salitrera, y conservó su nombre cuando Luis XIV lo transformó en 1656 en hospital para los pobres de París. El salitre se encuentra en climas desérticos. Su estructura es la misma que la del aragonito, con la diferencia de que los iones de calcio Ca^{2+} y los agrupamientos carboxilos $(CO_3)^{2-}$ están sustituidos, respectivamente, por iones de potasio K^+ y agrupamientos nitroxilos $(NO_3)^-$. Sus cristales aciculares constituyen masas granulosas o terrosas, eflorescencias sedosas con elementos seudohexagonales **(1)**.

La **hidromagnesita (5)** resulta de la alteración de rocas serpentinosas y se suele hallar en fisuras en forma de agregados incrustantes; sus cristales, aciculares o en laminillas planas, suelen presentar una faceta estriada.

La serie de los carbonatos magnesianos hidratados contiene tres polos, cuyos cristales siempre tienen una facies laminada, en ocasiones en forma de plaquetas hexagonales tabulares. La **hidrotalcita (4)** aluminosa exhibe un brillo nacarado; la **piroaurita (6)** ferrífera se presenta más bien en hojas doradas y la **stichtita (3)** cromífera, en capas laminares rosas.

Particularmente rara, la **weloganita (2)**, circonoestronciosodífera, se descubrió en 1969 en forma de prismas piramidales seudohexagonales en una cantera abierta, en el centro de la ciudad de Montreal (Québec).

Boratos

Por intercambio magnesio-manganeso, la **szaibelita** (o **ascarita**) magnesiana **(3)** constituye con la sussexita manganosa una serie total, cuyos cristales aciculares forman bolas fibrorradiadas de color blanco níveo, o cúmulos asbestiformes de tono rosa cárneo.

Utilizado en Oriente por los orfebres, que lo recogían en las orillas de los lagos de desiertos indopersas bajo el nombre de *tinkal*, e introducido en Europa por Marco Polo, el **bórax (7)** se usa en orfebrería para desoxidar metales que se van a soldar y en joyería, para aislar un diamante de la atmósfera tras haberlo trabajado. Forma bellos cristales blancos prismáticos, eflorescentes al contacto con el aire.

Llamada *piedra televisión* porque conduce la luz como si se tratara de fibras ópticas cuando está en cúmulos fibrosos, la **ulexita (6)** también forma nódulos, masas algodonosas de cristales aciculares.

La **colemanita**, utilizada en los hormigones que absorben los neutrones originados en los reactores nucleares, forma cristales de facies variadas y prismas achaparrados, una especie de romboedros más o menos acerados, agrupados en abanico **(1)** y masas lechosas.

Entre los boratos berilíferos, la **hambergita**, que se desarrolla en forma de cristales prismáticos planos, alargados y estriados **(2)**, se talla para joyería, al igual que la **rhodizita**, mineral que puede presentarse en cubos **(5)**, pero cuyas formas suelen ser el rombododecaedro y el tetraedro.

La **boracita (4)** es un borato magnesiano anhidro, a veces ligeramente ferrífero o manganoso, un mineral accesorio de los yacimientos de sal, como el de Stassfurt, en Alemania; sus cristales, a menudo pequeños, tienen una facies de cubo o de octaedro con las aristas achaflanadas, de tetraedro o de dodecaedro. La boracita también existe en masas sacaroideas.

1

x 3

2

x $\frac{3}{4}$

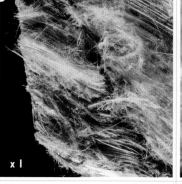

3

x I

4

x 10

5

x I

6

x I

7

x 3

Baritina crestada

Muy utilizada, debido a su densidad, en los barros de perforación (petroleros y demás), la **baritina** es uno de los principales minerales de las gangas de filones metalíferos. Su estructura es bastante complicada y contiene agrupamientos $(SO_4)^{2-}$ sostenidos por iones Ba^{2+}, cuyo gran diámetro obliga a éstos a buscar un espacio amplio, y por ello se sitúan en un poliedro complejo formado por doce iones de oxígeno «prestados» por siete agrupamientos (SO_4) diferentes.

Los cristales pueden ser tabulares **(3)**, unas veces afilados en dos lados opuestos, otras romboides, o bien prismas alargados terminados en diedros **(7)**. Su exfoliación es perfecta, paralela a las placas (lo cual corresponde a uno de los pares de caras paralelas de los prismas alargados). Los cristales laminares afilados se agrupan, en ocasiones, paralelamente los unos respecto de los otros, lo cual propicia la facies de **baritina crestada** **(1, 2, 6)**, que puede estar moteada de pirita **(4)**, etc. A veces, algunos cristales laminares tienen tendencia a esbozar agrupamientos radiados **(5)**.

Aunque es posible encontrarla incolora, la baritina suele ser de color blanco lechoso, con un brillo nacarado en el plano de exfoliación.

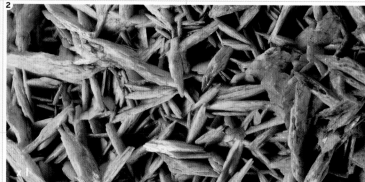

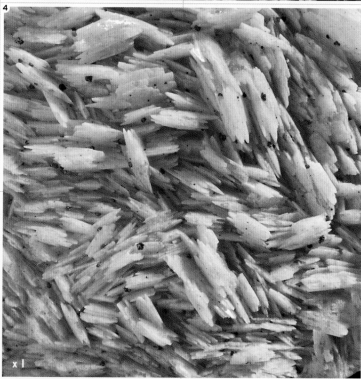

x 3

x ½

x ½

Baritina

Los cristales de **baritina** pueden asociarse conservando uno de sus lados casi común y girando en torno a dicho lado, que se toma como eje: el resultado es una facies particular **en forma de libro abierto (1)**. A veces, forman agrupamientos radiados **(7)** o se unen en grupos de cristales casi paralelos que forman un **erizo (2)**. La baritina también se presenta en masa estalactítica procedente de posos de fuentes termales, con cristales de color amarillo miel a amarillo azufre **(6)**. En tales condiciones pueden formarse grandes monocristales prismáticos apreciados por los coleccionistas **(5)**, y las estalactíticas pueden adoptar formas susceptibles de evocar diversas figuras, como un pastor apoyado en su cayado **(3)**.

La baritina también constituye cúmulos de cristales tabulares dispuestos sin orden **(4)** y masas granuladas, principalmente en filones.

x 1

x 1

x 1

x ½

x 3

Anhidrita y sulfatos anhidros

Los **sulfatos anhidros** contienen agrupamientos $(SO_4)^{2-}$ sostenidos por iones metálicos que, según su tamaño, los alejan más o menos: los iones Na^+ se conforman con un plano octaédrico en la thenardita, pero se rodean de siete iones de oxígeno en la glauberita; los iones de calcio Ca^{2+} necesitan un espacio cúbico, ya que se rodean de ocho iones de oxígeno tanto en la glauberita como en la anhidrita; los iones de estroncio Sr^{2+}, plomo Pb^{2+} y bario Ba^{2+} se rodean de doce iones de oxígeno, y los espacios poliédricos que ocupan en la celestina, la anglesita y la baritina son complejos. Por ello, todos estos minerales presentan facies similares.

Los cristales de **anhidrita** son raros y se presentan en prismas planos **(2)**. Tres exfoliaciones rectangulares cortan las masas de anhidrita **(1)** en paralelepípedos rectangulares; en la superficie, su transformación en yeso con aumento de volumen puede causar daños en las instalaciones subyacentes. La anhidrita también forma concreciones fibrosas **(3)**.

La **celestina** forma prismas alargados o achaparrados, con una exfoliación perfecta. Los cristales aciculares de celestina pueden unirse en forma de abanico **(8)** o de bola **(5)**; y, a pesar de su nombre, la celestina no siempre es de color azul celeste **(5)**.

La **anglesita** nunca es acicular; sus prismas achaparrados son estriados **(4)**; excepcionalmente, en Nueva Caledonia, se encuentra en octaedros ortorrómbicos de color amarillo.

La **glauberita**, que forma cristales romboides planos y prismas achaparrados con exfoliación perfecta, también se encuentra en masa en yacimientos salinos **(6)**.

La **tenardita** constituye octaedros ortorrómbicos **(7)** que se asocian, en ocasiones, para formar una cruz. Su exfoliación es perfecta. También es posible encontrar incrustaciones de tenardita.

x 2

x 1

x 1,5

x 3

x 1

x 1

x 1

x 5

x 2

x 1

x ½

x ½

x 1

Yeso - Calcantita - Kröhnkita

El yeso, que es la materia prima para la confección de la escayola, está constituido por hojas [Ca(SO$_4$)]° eléctricamente neutras, sostenidas por moléculas de agua (H$_2$O)°. Su estructura consta de unos grupos (SO$_4$)$^{2-}$ independientes dispuestos en dos planos paralelos y unidos cada uno por dos oxígenos a tres iones de calcio Ca^{2+}; situados cada uno entre tres grupos (SO$_4$), y a un tercio del grosor de la hoja, estos últimos completan su entorno de seis oxígenos con dos moléculas de agua (H$_2$O)° situadas en un plano externo de la hoja. Por último, unas ligeras uniones de tipo Van der Waals enlazan las moléculas de agua homólogas de dos hojas vecinas. De ahí las tres exfoliaciones: una fácil y perfecta, otra buena y la tercera fibrosa. Los cristales prismáticos planos son, a veces, alargados en fibras, en agujas agrupadas paralelamente (yeso fibroso, **2**), en ramos **(6)** o en cúmulos radiados estalactiformes. La asociación íntima de dos cristales, interpenetrados o no, les da un aspecto de **punta de lanza (5)**, especialmente nítido si están exfoliados. La subida de aguas selenitosas provoca, en regiones áridas y arenosas, la aparición de yeso, que, al atrapar arena durante su crecimiento, forma **rosas de arena (3)**. El yeso también constituye masas finamente granulosas y traslúcidas que se utilizan en ornamentación con el nombre de **alabastro**.

De estructuras vecinas y ligeramente solubles en agua, la **calcantita (1)** o vitriolo de cobre, constituye, en los medios áridos cupríferos, raros prismas achaparrados y, generalmente, nódulos y estalactitas fibrosas que también se forman en las minas. Por su parte, la **kröhnkita (4)** se presenta en prismas centimétricos exfoliables y cúmulos fibrosos.

x 5

Sulfatos cupríferos

Todos los sulfatos cupríferos son resultado de la alteración de las partes superficiales de los yacimientos de cobre, principalmente en regiones desérticas.

La **caledonita**, plumbocuprífera, que lleva el antiguo nombre de escocia (Caledonia), forma pequeños cristales prismáticos estriados **(1)** de exfoliación perfecta, en ocasiones, reunidos en abanico y, con menos frecuencia, en forma de masas incrustantes y granulosas **(4)**.

La **cianotriquita (7)**, 'cabellera azul' (del griego *kyanos*, 'azul', y *thrix, trikhos*, 'cabellera'), o **lettsomita (3)**, forma, como su nombre indica, fibras cortas de color azul, reunidas en masas aterciopeladas en rosetas fibrorradiadas.

La **spangolita (2)** se presenta en prismas hexagonales, piramidales y milimétricos, incrustados en minerales cupríferos, en los que forma un encostramiento.

La **langita (5)** reúne en concreciones fibrolaminares exfoliables sus pequeños cristales tabulares, más o menos alargados, a menudo asociados de dos en dos o de tres en tres en forma de estrella.

La **serpierita (6)** constituye finas laminillas milimétricas, por lo general congregadas en haces que se incrustan en smithsonitas, principalmente en las históricas minas griegas de Laurión, cerca de Atenas.

x 5

x 1

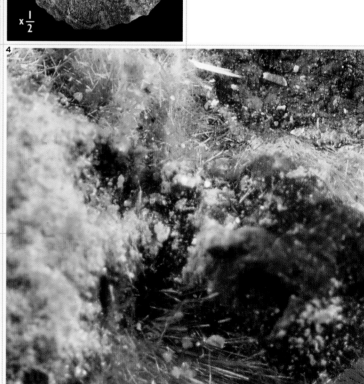

x ½

x 1

x 1

x ½

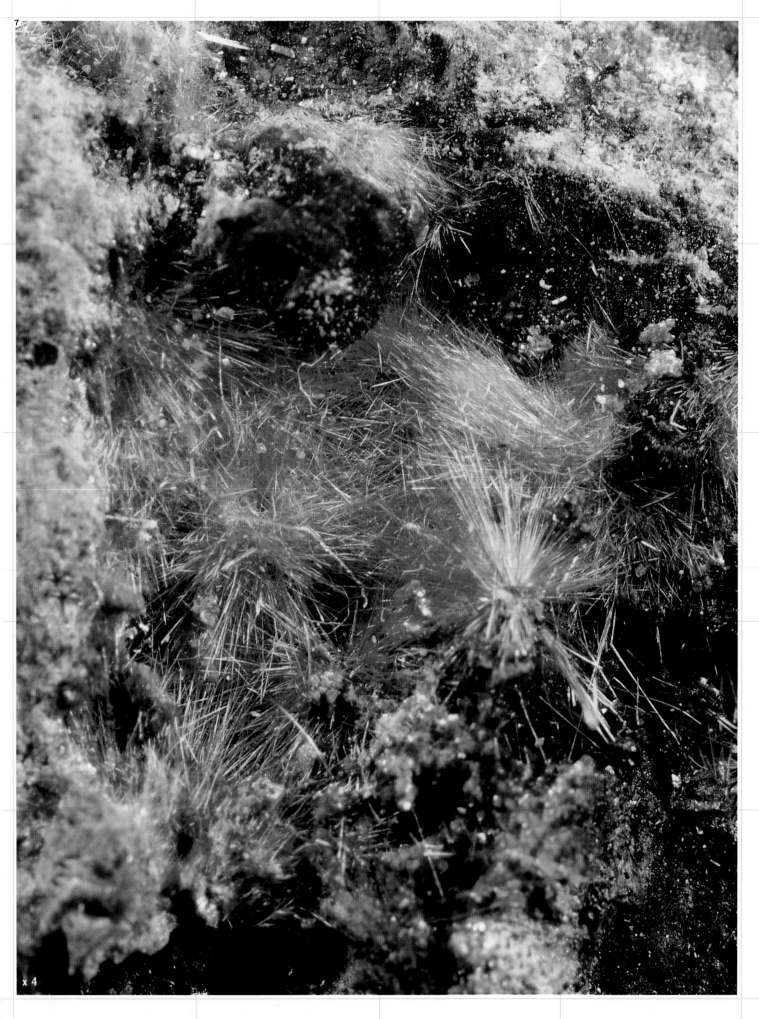

x 4

x I

Sulfatos - Arsenosulfatos - Carbonosulfatos

La **brocantita**, sulfato de cobre hidroxilado anhidro, se presenta en cristales centimétricos, prismáticos y estriados que evocan columnas, unas veces cortas y otras alargadas, pero su facies suele ser de nódulos fibrosos o aciculares, y de masas granulosas estalactiformes **(5)**.

Entre los numerosos sulfatos de hierro hidratado, la **fibroferrita** forma cristales aciculares que se reúnen en delicados agregados fibrosos de color amarillo muy pálido **(4)**.

Entre los sulfatos bimetálicos, la **linarita** plumbocuprífera forma cristales tabulares alargados de tamaño milimétrico **(6, 7)**, además de incrustamientos muy similares a los de la azurita.

La **jarosita**, potasoferrífera, se presenta a veces en minúsculos cristales romboédricos planos **(2)**, a menudo en masas incrustantes fibrosas o granulosas y en concreciones terrosas.

La **beudantita** es un arsenosulfato plumboferrífero cuyos cristales milimétricos tienen una facies seudocúbica **(3)**, y que se presenta también en incrustamientos mamelonados fibrosos o en masas granulosas.

Entre los carbonosulfatos, la **leadhillita**, plumbífera (inicialmente encontrada en Leadhills, 'colinas de plomo', en Escocia), se presenta por lo común en plaquetas que pueden ser seudohexagonales, con una exfoliación perfecta de aspecto nacarado **(1)**. No obstante, también puede seudomorfosear la galena o la calcita, o formar incrustamientos escamosos.

x 10

x 10

x I

x I

x 10

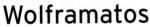

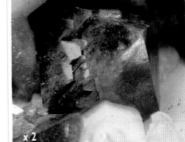

Wolframatos

Los **wolframatos** se caracterizan, desde el punto de vista estructural, por la presencia de agrupamientos tetraédricos independientes $(WO_4)^{2-}$, constituidos por un ión de wolframio W^{6+} rodeado por cuatro iones de oxígeno O^{2-}. Dichos agrupamientos están sostenidos por iones metálicos, de hierro y manganeso en el caso del wolframio, de calcio en el de la scheelita, y de plomo en el de la stolzita.

El **wolframio** es una solución sólida entre la ferberita ferrífera y la hubnerita manganosa. Sus cristales prismáticos pueden ser planos y formar láminas gruesas estriadas **(1)**, o alargados y trirrectangulares **(5)**. La hubnerita se presenta a menudo en agujas reunidas en haces.

La **scheelita**, cálcica, se presenta en cristales octaédricos **(2)**, con frecuencia asociados de dos en dos, pegados **(4)** o interpenetrados **(6)**; aunque también puede constituir cúmulos granulosos masivos. En ocasiones incorpora algo de molibdeno para convertirse en powellita.

La **stolzita**, plumbífera, muestra la misma facies que la wulfenita: en forma de raros octaedros estirados **(7)**, pequeños prismas cortos o cristales tabulares eventualmente reunidos en botones **(3)**, en nódulos o en masas granulosas.

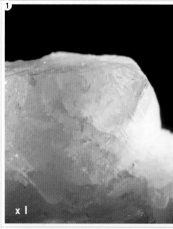

x 1

Molibdatos

Los **molibdatos** son de estructura análoga a los wolframatos, con los que, ocasionalmente, forman soluciones sólidas parciales, y se caracterizan por sus agrupamientos
$(MoO_4)^{2-}$ de cuatro iones de oxígeno O^{2-} en torno a un ión de molibdeno Mo^{6+}, sostenidos por iones metálicos.

La **powellita**, calcífera, es el equivalente molíbdico de la scheelita; pero sus cristales son
muy raros, en octaedros **(I)** o en plaquetas. Seudomorfosea la molibdenita con una
facies pulverulenta o en láminas finas.

La **wulfenita** (o **melinosa**), plumbífera, equivalente de la stolzita, de la que resulta difícil diferenciarla, forma cristales tabulares **(3, 5)**, o incluso laminares, de un magnífico
amarillo anaranjado **(6, 7)**. También se puede hallar en forma de octaedros achaparrados o estirados, así como agregados masivos granulosos y masas terrosas.

x 1

x 5

x 1

x 1

Cromatos

Como los molibdatos y los wolframatos, los **cromatos** contienen agrupamientos tetraédricos independientes, $(CrO_4)^{2-}$, formados, en este caso, por un ión de cromo
Cr^{6+} rodeado por cuatro iones de oxígeno O^{2-} y sostenidos por iones metálicos.

Entre los diversos cromatos plumbíferos, la **crocoíta**, de color rojo bermellón **(4)**,
forma prismas alargados de facies brillantes estriadas **(2** y página 127, **7)**. Suelen encontrarse seudooctaedros y romboedros agudos, aunque también se da en agregados granulosos de cristales aciculares.

x 1

x 15

x 5

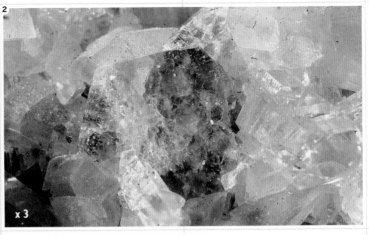

x 3

Apatito

Por su apariencia similar a la del berilo, el apatito puede llamar a equívoco, como bien apunta el origen de su nombre (del griego *apataôô*, 'engaño'). Un armazón $[Ca_5(PO_4)_3]^+$ de iones de calcio Ca^{2+}, unidos a agrupamientos (PO_4) formados por un ión de fósforo P^{5+} rodeado de cuatro iones de oxígeno O^{2-}, constituye la estructura del apatito, que, aunque posea una construcción diferente, forma, como en el berilo, canales estructurales paralelos. No obstante, uno de cada dos canales está ocupado por oxidrilos $(OH)^-$ en el caso del hidroxilapatito, por iones de flúor F en el caso del fluorapatito, por iones de cloro Cl^- en el del clorapatito y por iones de oxígeno O^{2-} en el del oxiapatito; unas soluciones sólidas totales unen estos minerales que constituyen la **familia de los apatitos**. Los grupos $(CO_3)^{2-}$ pueden sustituir en parte los $(PO_4)^{3-}$, con lo que se obtiene francolita (o carbonato-apatito). Si se sustituye parcialmente el calcio por según qué iones metálicos, como el estroncio (Sr), el manganeso (Mn), las tierras ítricas (Y, La, Ce), etc., el aspecto que puede presentar el apatito variará: incoloro, varios tonos de amarillo (amarillo dorado, **8**), verde, azul (pastel claro, **6**; pastel, **3**; índigo claro, **5**) y rosa (**2**, en dolomía). Los cristales son prismas hexagonales, a veces estriados longitudinalmente **(7)**, terminados en bases que en ocasiones están bordeadas, como en el caso del berilo, por un biselado; las terminaciones piramidales **(1)** son menos habituales. El apatito constituye una gran parte del esqueleto y los dientes (marfil) de muchos animales y forma en los sedimentos concreciones mameladas denominadas *colofonia* u *osteolito* **(4)**, utilizadas para realizar pequeños objetos como, por ejemplo, frascos de opio.

x 3

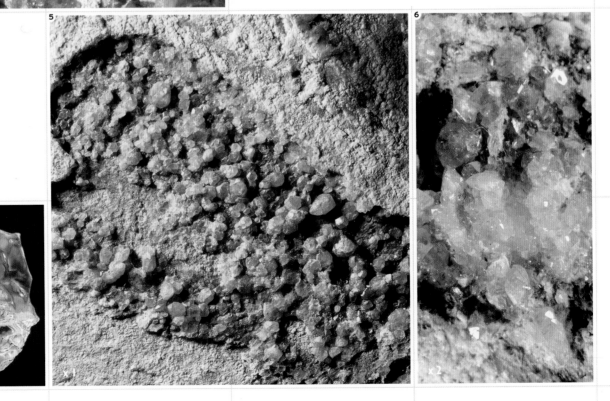

x 1

x 2

7

8

×2

×5

Piromorfita

La **piromorfita** o **plomo verde** (clorofostafo de plomo) posee la misma estructura que el clorapatito, con iones de plomo Pb^{2+} ocupando el lugar de los iones de calcio Ca^{2+}, pero no forma una serie con los apatitos. Sin embargo, el intercambio fósforo-arsénico puede ser total, lo cual posibilita la existencia de una serie completa que una la piromorfita y la mimetita.

Los cristales, a veces en agrupamientos paralelos **(8)**, son prismas hexagonales terminados en bases **(8)**, a menudo biselados **(4)**, como el apatito; las terminaciones en pirámides planas **(3)** o alargadas **(1)** no son difíciles de encontrar. Estos prismas son, en ocasiones, achaparrados **(2, 6)**, aunque por lo general aparecen alargados, llegando a formar agujas. Los agrupamientos de cristales de piromorfita en abanico o en matorral **(7)** son bastante comunes, aunque también se pueden hallar en forma de masas fibrosas o granulosas **(5)**.

8

x 4

Mimetita

Una serie completa une la **mimetita** a la piromorfita, por intercambio progresivo de arsénico-fósforo. Su facies, similar a la de la piromorfita, le ha valido su nombre (del griego *mimétês*, 'imitador', **1**). Sus prismas, a menudo achaparrados, son hexagonales, piramidales y estriados en perpendicular a su longitud **(7)**; en ocasiones, se encuentran en forma de prismas afilados y dispuestos paralelamente, lo que se llama *en peine*. A veces, las caras de los cristales se tornan convexas y la mimetita, que adopta entonces el aspecto de un barril, se denomina **campilita (2, 3)** (del griego *kampé*, 'curvatura'). Las concreciones más habituales son globulosas **(4, 5)** y botrioidales, en forma de estalactitas **(4)**; aunque también se pueden hallar cúmulos granulosos y fibrosos **(6)**.

Lazulita - Ambligonita - Brasilianita - Trifilita

La **lazulita (4, 6)** es un hidroxifosfato de magnesio que, con la **scorzalita (2)**, forma una serie continua por intercambio progresivo magnesio-hierro. Sus cristales, alargados en forma de bipirámide muy aguda de tono azul oscuro, se descubrieron por primera vez en una cuarcita de Georgia.

La **brasilianita**, o hidroxifosfato aluminosódico (**I**, aquí sobre micas), se descubrió en una pegmatita brasileña. Sus cristales son de color verde pálido, en ocasiones amarillento, y tienen el aspecto de prismas achaparrados casi equidimensionales que a menudo presentan numerosas caras. Este mineral es muy apreciado; tiene una exfoliación perfecta y se utiliza en joyería.

Entre los fosfatos de litio, la serie aluminosa **ambligonita** (fluorada) - **montebrasita** (hidroxilada) se presenta en cristales prismáticos achaparrados de exfoliación perfecta (**5**), parecidos a los feldespatos y utilizados en joyería. Las masas cristalinas de estos minerales constituyen un mineral de litio. Por lo que se refiere a la serie ferromanganesífera **trifilita** (ferrífera) - **litiofilita** (manganesífera), rara vez se presenta en cristales, prismas seudohexagonales de exfoliación basal perfecta (**3**). Estos minerales forman masas exfoliables, cuya fractura se ennegrece rápidamente al contacto con el aire.

1
x 2

2
x 2

3
x 1,5 à 2

4
x 1

5
x 1

6
x 8

Herderita - Fosfatos cuprosos - Vauquelinita

La **herderita** es un fluofosfato berilocálcico cuya estructura consiste en hojas de simetría seudocuaternaria formadas por anillos de cuatro y ocho elementos tetraédricos (PO_4) y $[BeO_3(OH)]$ unidos por oxígenos comunes, y por iones de calcio. Los cristales de herderita, ya sea en prismas achaparrados (**2,** con turmalina), alargados o planos, adoptan una apariencia casi hexagonal (**6**) y terminan en techo.

Los hidroxifosfatos de cobre se encuentran en zonas oxidadas de yacimientos de cobre. La **seudomalaquita (3)** tiene el mismo aspecto que la malaquita, en concreciones botrioidales fibrosas (**5**). Es conocida por ser uno de los constituyentes de la piedra de Eilat, que se encuentra en el Sinaí, en las minas del rey Salomón. La **cornetita** forma prismas achaparrados e incrustaciones microcristalizadas (**1**) de color azul verdoso. La **libetenita** constituye prismas achaparrados terminados en techo, que pueden adoptar una apariencia de octaedro, cuando prisma y techo tienen la misma importancia (**4**).

La **vauquelinita** es un hidroxicromofosfato plumbocuprífero que se presenta en prismas milimétricos planos de color verde oliva oscuro, a menudo asociados a los prismas rojos de crocoíta, con los que contrasta (**7**) en las zonas superficiales de los yacimientos de plomo.

7

x 10

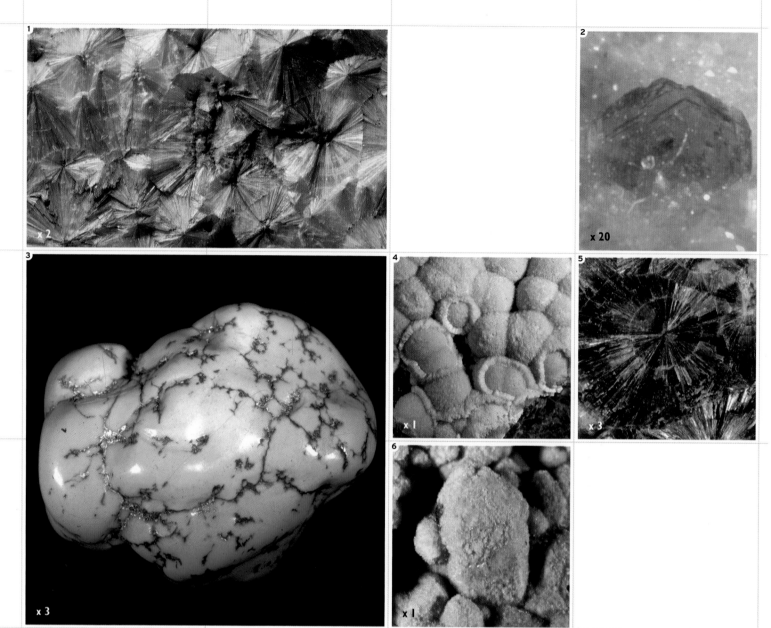

Turquesa - Fosfatos aluminosos

Buscada como alhaja desde hace varios milenios, la **turquesa**, fosfato aluminocuprífero hidratado, fue, desde el Antiguo Egipcio, objeto de expediciones militares. Se encuentra en la superficie de los yacimientos cupríferos en forma de nódulos o de incrustaciones criptocristalinas surcadas de vetas oscuras, restos de las rocas sobre las cuales y en cuyo interior se presenta. Sus cristales, de varias centésimas de milímetro y coloreados por su contenido en cobre, pueden constituir conjuntos compactos utilizables en joyería o nódulos muy porosos más o menos cretáceos, que, actualmente, están consolidados artificialmente por impregnación de plásticos, a veces, coloreados **(3)**. Imitada de distintas formas desde la Antigüedad y producida artificialmente desde mediados del siglo XX, la turquesa es objeto de tratamientos con mucha frecuencia, aunque la turquesa natural que se utiliza en joyería es un mineral estimado y buscado.

Los demás fosfatos de aluminio hidratados son susceptibles de evocar la turquesa; la **variscita** (o **utahlita**) se presenta con una facies similar **(6, 8)**, que ha hecho que haya sido elegida como mineral ornamental nacional en Utah (Estados Unidos). Eventualmente asociada a la turquesa, la **wavellita**, que suele formar agregados fibrorradiados **(1, 4, 5)**, en ocasiones como estalactitas, también puede presentarse en raros prismas achaparrados y exfoliables.

La **childrenita** es un fosfato de aluminio hidratado ferromanganoso que, a veces, forma cristales milimétricos prismáticos y estriados **(7)**, y se presenta fundamentalmente en incrustaciones fibrosas.

La **goyazita** (fosfato de aluminio y estroncio hidratado) constituye, generalmente, tabletas hexagonales milimétricas **(2)** y, excepcionalmente centimétricas; aunque también se presenta en seudocubos. Su exfoliación es perfecta y tiene la suficiente cohesión como para encontrarla en granos envueltos en algunos aluviones diamantíferos.

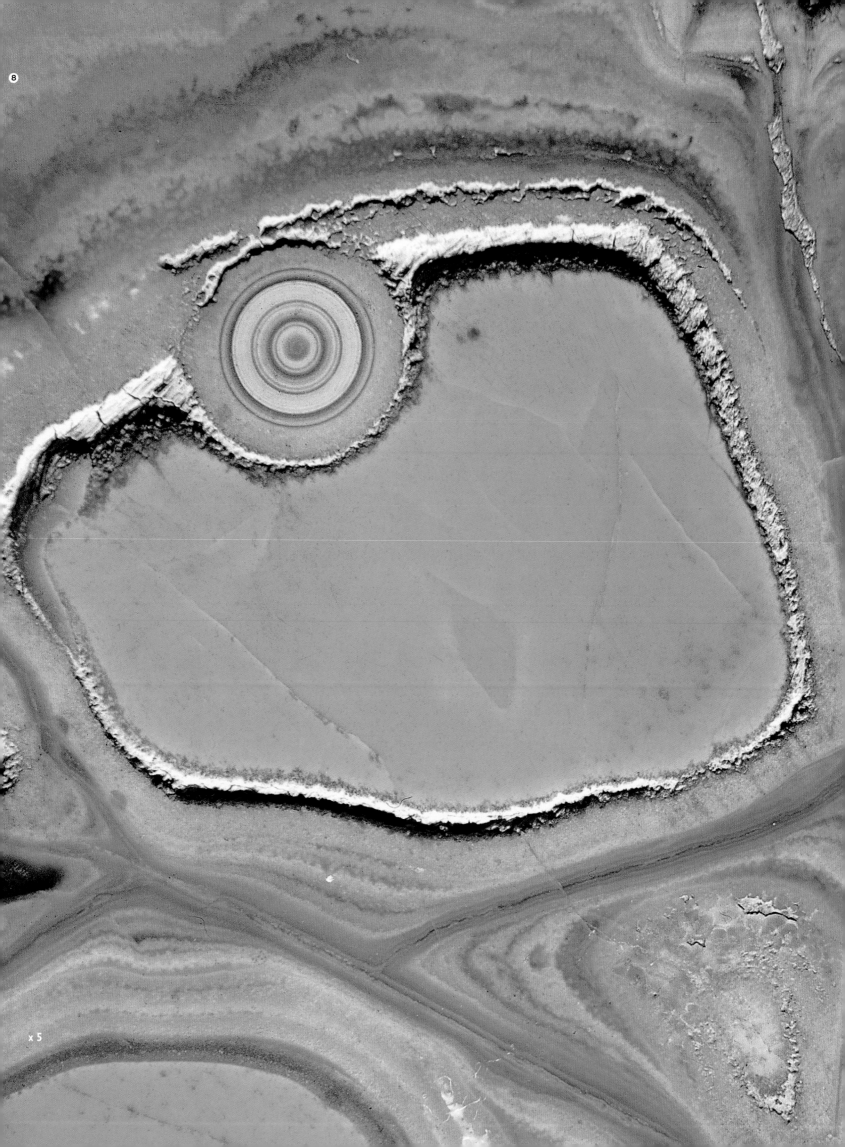

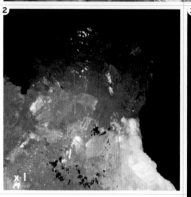

x 1

x 5

x 1

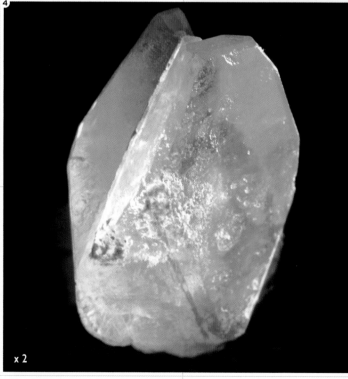

x 1

x 2

Vivianita
Fosfatos diversos

La **vivianita (5)** es un fosfato hidratado de hierro que se desarrolla en la parte superior de los yacimientos, donde se ennegrece rápidamente por oxidación. En Camerún, se han llegado a encontrar rosetas de cristales de vivianita de hasta 1,5 m de longitud, pero lo habitual es que sus cristales, prismas alargados estriados a lo largo, a veces planos, sean entre quince y veinte veces más pequeños. Rara vez son tabulares y pueden disponerse en agregados estrellados, concreciones fibrosas, nódulos o en masas cristalinas que se incrustan. La **cacoxenita (1)** se presenta en cristales aciculares de color amarillo dorado de varios milímetros, que se reúnen en rosetas fibrorradiadas o en incrustaciones fibrosas. Cuando está contenida en un cristal de roca, constituye una piedra ornamental agradable y original.

La **hopeíta (3)** es fosfato hidratado de cinc y forma incrustaciones en la superficie de los yacimientos cincíferos, o incluso abanicos de pequeños cristales exfoliables, prismáticos o tabulares.

La **fosfofilita (4)** es un fosfato hidratado manganoso ferrocincífero que también se encuentra en la superficie, donde forma gruesos cristales tabulares centimétricos, a menudo asociados a otros (macla poligenética).

La **hureaulita (2)** es un fosfato hidratado de manganeso que, en las pegmatitas, puede formar prismas centimétricos, en el mejor de los casos, y estriados a lo largo; sin embargo, las masas fibrosas o compactas constituyen su facies habitual. También pegmatítica, la **ludlamita (6)**, fosfato manganoso ferromagnesiano, muestra cristales exfoliables con muchas facetas y también puede formar cúmulos granulosos de tonos verdes.

6

x 10

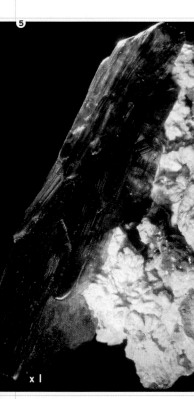

5

x 1

Arseniatos cupríferos

Todos los **arseniatos cupríferos** presentados en esta doble página son minerales, generalmente, hidratados y desarrollados por alteración oxidante en la parte superior de yacimientos de cobre; todos ellos muestran tonos entre verde y azul verdoso de diversos matices, debido a su contenido en cobre.

La **olivenita**, no hidratada, constituye masas fibrosas **(9)**, en ocasiones granulosas **(10)**, así como agregados radiados de prismas aciculares que a veces son achaparrados, e incluso fibras cabelludas (llamadas *cobre de madera*); forma una serie continua con la adamita (página 134) por intercambio de cobre-cinc.

La **eucroíta**, hidratada, forma prismas cortos **(3, 6)** estriados con aspecto de columna, que a veces incorpora una doble pirámide.

La **conicalcita**, cálcica y no hidratada, se presenta en incrustaciones fibrorradiadas mamelonadas que recuerdan la malaquita **(5)**.

La **liroconita**, aluminosa, que forma octaedros estriados planos **(7)** de aspecto lenticular, suele estar asociada con la crisocola.

Bismutífera, la **mixita** se presenta en delicadas agujas **(2)** estriadas a lo largo; forma costras fibrorradiadas e incrustaciones reniformes que contienen un núcleo granuloso y una periferia fibrorradiada, evocando así mechones de cabello.

Cálcica y carbonatada, la **tirolita** o *espuma de cobre* posee cristales centimétricos laminares que producen por exfoliación finas hojas flexibles reunidas en rosetas **(4)**. Habitualmente forman incrustaciones escamosas mamelonadas, aunque también se pueden presentar en agregados reniformes radiantes.

Aluminosa y sulfatada, la **calcofilita** forma plaquetas hexagonales **(1, 8)** que se unen en rosetas y en agregados laminares masivos, que generan, por exfoliación, finas hojas flexibles.

x 3

x 3

x 5

x 3

x ½

x 10

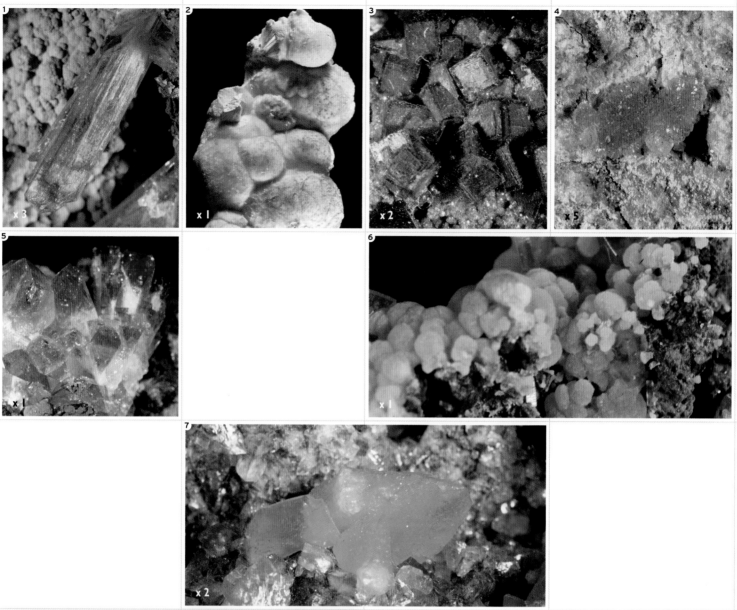

Arseniatos de calcio, hierro, magnesio y cinc

Todos los **arseniatos** que aparecen aquí son minerales que se forman por oxidación de minerales metálicos en la parte del yacimiento próxima a la superficie.

La **sainfeldita**, arseniato hidratado cálcico, se forma en antiguas galerías de minas metalíferas y adopta el aspecto de rosetas radiadas de cristales milimétricos rosas **(4)**.

La **arseniosiderita**, arseniato hidratado ferrocálcico, también resulta de la degradación de minerales filonianos. Forma agregados nodulosos **(8)** de cristales aciculares de color pardo amarillento, sedosos y fácilmente separables.

La **picrofarmacolita**, arseniato hidratado calcomagnesiano, forma conjuntos de esférulas de cristalitas aciculares radiadas **(2)**; a menudo está asociada a la sainfeldita y a incrustaciones fibrosas de farmacolita, únicamente cálcica, formando rosetas de cristales aciculares también incoloros.

La **farmacosiderita**, arseniato hidratado potasoférrico, se presenta en cubos milimétricos de color amarillo verdoso, a menudo reunidos en incrustaciones **(3)**; también puede constituir simples capas más o menos terrosas.

La **legrandita**, arseniato hidratado de cinc, constituye agregados radiados de prismas laminares alargados de tono amarillo claro **(1)**, con una terminación generalmente piramidal, y con una buena exfoliación.

La **adamita**, arseniato de cinc no hidratado, también se presenta en agregados radiados de prismas alargados **(6, 9)**, milimétricos y a veces centimétricos **(5, 7)**. Las adamitas cobaltíferas son de tono amarillo rosado **(6)** y las adamitas cupríferas, verdes azuladas **(9)**. La adamita forma una serie continua con la olivenita (página 132) por intercambio de cinc-cobre. También se producen incrustaciones de adamita.

x 4

Vanadatos

Los **vanadatos** son minerales que se forman en las partes superiores de yacimientos metalíferos, en donde se producen principalmente fenómenos de oxidación.

La **vanadinita (5, 6 y 7)**, plumboclorífera, aparece en zonas áridas, con la estructura del apatito. Por intercambio de vanadio-arsénico (hasta un 50 %), puede acercarse a la mimetita. Sus cristales son similares a los de la serie piromorfita-mimetita: prismas achaparrados, a veces tabulares, centimétricos. Ocasionalmente se forman grupos globulares, pero las facies fibrosas son escasas.

La **descloizita** es plumbocincífera hidroxilada y constituye, por intercambio de cinc-cobre, una serie continua con la mottramita; sus prismas terminados en techo y sus pirámides planas y centimétricas son bastante comunes **(4)**. También forman masas fibrosas e incrustaciones de agregados fibrorradiados erizados de puntas cristalinas **(1)**.

Ferrotitanífera, manganosa, cálcica e hidratada, la **cafarsita**, de color pardo amarillento como una pirita oxidada, forma cubos, cubooctaedros **(3)** y rombododecaedros en fisuras de esquistos.

Cuprífera hidroxilada, la **clinoclasita**, o *mineral radiante* (*Strahlerz*, en alemán), constituye un agregado hemisférico radiante **(2)** y sus cristales presentan forma de columnas.

Uraninita y algunos minerales que la alteran

El óxido de uranio se denomina **uraninita** si se presenta en cristales cúbicos **(3)** y **pecblenda** (o **gummita**, página 48, **8**) si se encuentra en forma de colas incrustantes. Es el mineral principal de uranio, otrora utilizado solamente para colorear de amarillo vidrios y cerámicas.

Este mineral sufre, en las zonas superficiales de sus yacimientos, diversas alteraciones que lo transforman en numerosos minerales llamados *de alteración*, como silicatos, vanadatos, fosfatos y arseniatos. Estos minerales tienen una estructura similar a la del mineral principal de alteración, la autunita (página 140): hojas uranosilíceas (o vanadíferas, etc.) unidas por iones metálicos (calcio, plomo, etc.) acompañados de moléculas de agua. En tal caso, dichos minerales dan preferencia de manera natural a una de las facies de la autunita.

Entre los uranosilicatos, el **uranotilo (2)**, calcífero, forma haces de cristales aciculares; la **kasolita (6)**, plumbífera, agregados fibrorradiados; y la **cuprosklodowskita**, masas fibrorradiadas de color verde claro **(4)**.

Entre los uranovanadíferos, la **francevillita (8)**, barífera, constituye capas o, rara vez, esférulas milimétricas de plaquetas romboides, y la **vanuratita (1)**, aluminosa, cúmulos estalactiformes de cristales aplanados.

Entre los uranofosfatos, la **renardita (7)**, plumbífera, se presenta en laminillas alargadas.

Entre los uranoarseniatos, la **novacekita (5)**, magnesífera, forma laminillas finas.

x 1

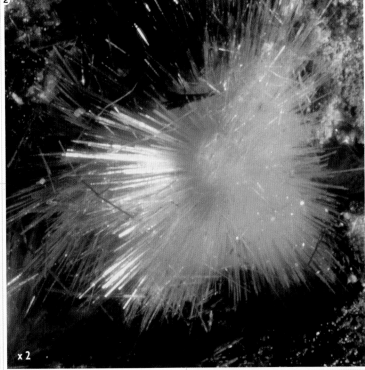

x 2

x ½

x 1

x 2

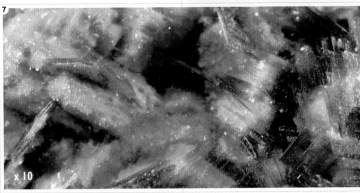

x 2

x 2

x 10

x 5

x 10

x $\frac{2}{3}$

x 5

x $\frac{1}{2}$

x 30

Autunita - Torbernita

La **autunita** y la **torbernita** (o calcolita) son uranofosfatos hidratados, a menudo, asociados en zonas de alteración de la pecblenda. La torbernita, sobre todo, predomina en el caso de una asociación de la pecblenda con minerales cuprosos como la calcopirita. Sus estructuras son idénticas: entidades tetraédricas de fosfato $(PO_4)^{3-}$ y uranilos $(UO_2)^{2+}$ unidas por fuerzas eléctricas en hojas $[(UO_2)(PO_4)]^-$ de simetría tetragonal; dichas hojas están enlazadas entre sí por iones de calcio Ca^{2+} (autunita) o de cobre Cu^{2+} (torbernita), que acompañan a moléculas de agua H_2O. El resultado es una exfoliación perfecta similar a la de las micas (producción de laminillas finas no elásticas llamadas *mica de uranio*). Los cristales achaparrados, seudocúbicos o seudooctaédricos, aparecen con mayor frecuencia en la torbernita verde **(2, 6)**, que en la autunita amarilloverdosa **(1)**; las plaquetas cuadradas u octogonales son más comunes **(3)**. Estos dos minerales también se encuentran asociados en un crecimiento paralelo. Las incrustaciones fibrosas de autunita **(5)** y las masas escamosas de torbernita **(4)** ilustran la naturaleza de «producto de alteración» de estos dos minerales.

Granates

Los **granates** constituyen una familia compuesta por dos grupos principales: los granates aluminosos de tonos rojos (**piropo; almandina, 1; espesartina,** página 176, **7**) y los granates cálcicos, que pueden adoptar diversos colores (**uvarovita -5-, grosularia 2-, andradita**). Sus cristales cúbicos, llamados *granatoedros*, se presentan sobre todo en rombododecaedros (**6**) y son característicos de los granates, cuyos vértices pueden estar truncados por las caras del cubo (**1**), o cuyas aristas pueden estarlo por las caras del octaedro piramidal (**2**). Suelen encontrarse en rocas esquistosas (**almandina, 6**), pero también pueden encontrarse en las gravas de río (**grosularia, 2**).

Las **andraditas** negras se llaman **melanitas** (**4**) (del griego *melanos*, 'negro'); y las **grosularias** naranjas (jacintos) se denominan **hessonitas** (**3, 7**), del griego *éssôn*, 'menos', en alusión a su dureza inferior a la de otros granates.

Los granates aluminosos fueron especialmente apreciados en tiempos de los merovingios, época durante la cual se emplearon compartimentados para adornar armas, arreos y joyas. Recuperaron su fama en el siglo XIX. Actualmente, se buscan más los granates de otros colores, como el **demantoide**, una andradita verde; la **tsavolita**, una grosularia verde; las espesartinas y las grosularias naranjas o incluso las **hidrogrosularias** masivas, cuyo aspecto recuerda al jade.

x 2

x 10

x 5

x 5

x 2

x 15

x 5

x 1

Peridoto y nesosilicatos

El vocablo **peridoto** designa el conjunto de una serie de minerales que une la forsterita magnesiana a la fayalita ferrífera (los términos poco ferríferos, *olivino* o *crisolita*, se utilizan en joyería). Otra serie une la fayalita con la **tefroíta (2)**, manganesífera. Estos minerales tienen como estructura un apilamiento hexagonal compacto de iones de oxígeno O^{2-} distendido por iones de silicio Si^{4+} en las zonas tetraédricas y por iones de hierro Fe^{2+}, magnesio Mg^{2+} o manganeso Mn^{2+} en lugares octaédricos; sus cristales, prismas hexagonales planos estriados a lo largo, son poco frecuentes; se encuentran más bien en granos o en nódulos, como el **olivino** en un basalto **(6)**.

La **fenacina (4)**, berilífera, contiene columnas de elementos (SiO_4) y (BeO_4) solidarizados por la puesta en común de oxígenos, en una sucesión Si-Be-Be-Si-Be-Be-Si-etc. Sus cristales, prismas estriados a lo largo terminados en caras de romboedro, recuerdan en ocasiones a los del cuarzo. De estructura análoga, la **willemita (1)**, cincífera, forma fibras en las partes superiores de los yacimientos de cinc en las regiones áridas, pero también prismas cortos milimétricos.

El circonio ocupa en el **circón (3, 7)** el centro de un cubo deformado, integrado por los oxígenos que le prestan las entidades (SiO_4) que les rodean, uno por cada uno de los cuatro laterales, dos por cada una de las caras superior e inferior. Los cristales son prismas de base cuadrada terminados en pirámides.

La **eulitita (5)**, bismutífera, constituye tetraedros milimétricos y en ocasiones esférulas pardas en las zonas superficiales de los yacimientos de bismuto.

x 3

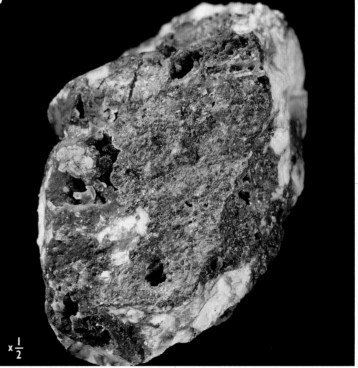

x $\frac{1}{2}$

x 1,5

6

7

x 1

x 10

Topacio - Esfena

El **topacio** común es incoloro (**1**), pero puede presentarse con distintos colores, entre los cuales los más comunes son el amarillo (**3**) y el pardo (**4**) (*topacio quemado*); los topacios rosas (**7**) y azules (**6**, aquí con cuarzo) son especialmente apreciados. Desde el siglo XVIII, los topacios de color salmón se calientan para que se tornen rosas artificialmente; y los topacios incoloros se irradian con neutrones y después se calientan para que adopten un color azul (en tal caso, pueden volverse radiactivos). Los cristales de topacio son prismas de base rómbica (**7**), con distintas terminaciones, que a veces pueden medir más de un metro de largo. Las caras del prisma suelen ser estriadas a lo largo, lo cual las diferencia de las del cuarzo, estriadas en paralelo a su base (**6**). La exfoliación basal, perfecta, la convierte en una gema frágil.

La **esfena** o **titanita**, cuyos nombres recuerdan la forma angulosa de los cristales (del griego *sphên*, 'esquina') o su contenido en titanio, tiene la misma densidad que el diamante, al que en ocasiones sustituye en joyería. Sus cristales pueden unirse en agregados (**5**) o presentarse aislados en un mineral de roca cristalina (esfena sobre ortosa, **2**).

x ½

x 1

x 1

x 2

x 3

x 1

x 5

x 1

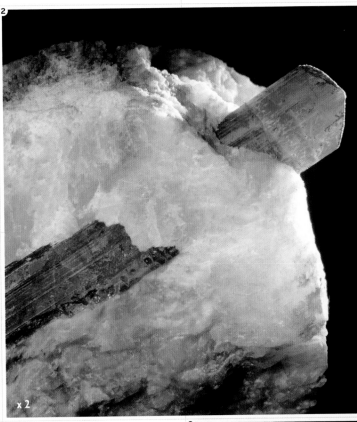

x 2

Euclasa y algunos nesosubsilicatos

La **euclasa (3)**, similar al aguamarina, acompaña, a veces, al topacio y al berilo en algunas pegmatitas, en forma de prismas estriados verticalmente, en ocasiones pluricentimétricos.

La **dumortierita (4)** rara vez se desarrolla en prismas alargados. Habitualmente constituye agregados de cristales aciculares, que a veces están alargados en plaquetas formando conjuntos radiados. El cuarzo los engloba en ocasiones de manera desordenada, lo cual les da un aspecto de aventurina azul, apreciada en joyería.

La **datolita (5)** se presenta en prismas cortos equidimensionales con numerosas facetas, a veces tallados para la joyería, en cuyo caso recuerdan al topacio. También forma agregados aciculares o granulosos, así como incrustaciones.

El **cloritoide (1)** forma laminillas hexagonales que a veces se unen en rosetas y suelen constituir agregados escamosos o masas laminares cuyo aspecto recuerda al de los cloritos.

Los cristales lenticulares de **condrodita (6)** tienen muchas facetas. Suelen ser granos que recuerdan al peridoto, diseminados en mármoles, en los cuales llegan a constituir cúmulos granulosos.

La **grandidierita (2)** presenta prismas alargados, a veces cristales tabulares, pero por lo común masas que dejan ver sus dos exfoliaciones rectangulares.

x 2

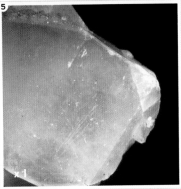

x 2

x 1

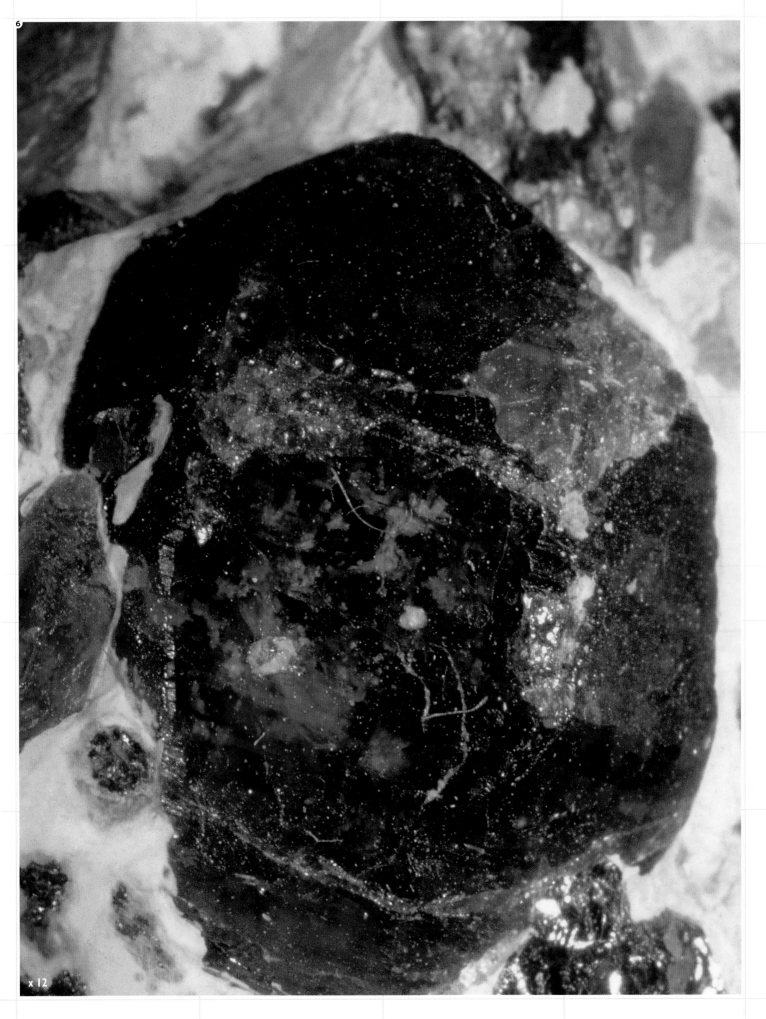

x 12

Hemimorfita y sorosilicatos

Bajo la denominación de **calamina (7)**, los mineros reunían todas las incrustaciones de hemimorfita, de cerusita y de smithsonita, más o menos asociadas, que se producían en las galerías de las minas; estos cristales nuevos hicieron creer que los filones mineralizados se reconstituían después de su explotación, y los cristales que los mineros encontraban en geodas se consideraban como las yemas que garantizaban la regeneración ('yema' procede del latín *gemma* que también ha dado 'gema', mineral transparente utilizado principalmente en joyería).

La **hemimorfita** (**I**, en wulfenita) se presenta en cristales prismáticos de exfoliación perfecta, a menudo planos, con estrías en ese aplanamiento, y en cristales claramente laminares. Dichos cristales pueden alcanzar los cinco centímetros de largo y agruparse en agregados radiados **(4)**. También se forman masas granulosas y en forma de estalactitas, incrustaciones compactas o terrosas.

La **lawsonita**, similar al feldespato, desarrolla cristales prismáticos **(5)** que pueden ser de hasta medio decímetro, y plaquetas que pueden exfoliarse.

La **ilvaíta** es comparable a una epidota negra de antracita **(3)**, con cristales prismáticos estriados a lo largo del prisma **(6)**.

La **bertrandita (2)**, berilífera, constituye pequeños cristales alargados planos, a veces laminares.

x 3

Silicatos de metamorfismo

Los **silicatos de metamorfismo** se encuentran fundamentalmente en rocas transformadas por calor y presión; la sillimanita, la distena y la andalucita tienen una misma fórmula química, Al_2SiO_5, pero las disposiciones diferentes de sus iones, características de las condiciones físicas de su formación, les da facies diferentes.

La estructura de la **sillimanita**, mineral de altas temperaturas, está constituida por una doble línea de elementos tetraédricos (SiO_4) y (AlO_4), que forman cintas paralelas ($AlSiO_5$) solidarizadas por iones de aluminio en situación octaédrica; de ahí que algunos cristales aciculares constituyan cúmulos fibrosos **(5)** (y la denominación sinónima **fibrolita**), que en ocasiones se silicifican, y cuyas coherencia y dureza permitieron en el Neolítico su utilización para la fabricación de hachas.

Mineral de metamorfismo ligado a capas graníticas, la **andalucita** forma prismas de base cuadrada **(1)**, con una estructura constituida por cadenas paralelas de elementos octaédricos (AlO_6), sostenidos con ayuda de elementos tetraédricos (SiO_4) en enlace de cuatro en cuatro con un ión Al^{3+} rodeado por cinco O^{2-}. Cuando la sección de los cristales prismáticos comporta a menudo una cruz carbonosa, esa facies se denomina **quiastolita (1)**.

La **distena** o **cianita**, constituida por un apilamiento cúbico compacto de iones de oxígeno O^{2-}, en el que dos tercios de los planos octaédricos están ocupados por iones de aluminio Al^{3+} y la décima parte de los planos tetraédricos por iones de silicio Si^{4+}, es un mineral de alta presión, el más denso de los tres, que se presenta en largos prismas planos estriados **(7)** con una dureza Mohs muy diferente según la dirección (de 5 a 7), en ocasiones deformados **(3)** y a menudo unidos en cúmulos fibrosos **(2)** o laminares. Estos tres minerales se tallan en joyería cuando son gemas.

La **estaurotida**, constituida por una alternancia de hojas de distena y de hojas de $Fe(OH)_2$ de tipo brucita (página 68) unidas por oxígenos comunes, se presenta en prismas simples de base rómbica con las puntas truncadas, a menudo interpenetradas de dos en dos para formar maclas en forma de cruz latina (página 8) o en cruz de San Andrés **(4)**, llamadas *crucecitas de Bretaña*, que se encuentra habitualmente en esquistos **(6)**.

x 5

x 2

x 1

x 1

x 5

6

7

x 1,5

x 3

Epidota - Zoisita - Vesubianita

La **epidota** y la **zoisita** poseen estructuras similares: cadenas paralelas de elementos octaédricos $[Al(O, OH)_6]$ unidas entre sí por grupos (SiO_4), (Si_2O_7) y/o (FeO_6).

Los cristales de **epidota** son prismas decimétricos alargados, frecuentemente planos, a menudo agrupados en matorrales **(8)**. La sustitución de iones de aluminio Al^{3+} y hierro Fe^{3+} por iones de manganeso Mn^{3+} transforma la epidota en **piemontita (5)**, cuyos cristales prismáticos son estriados. La sustitución de iones de calcio por iones de cerio, itrio, lantano, torio y uranio (con sustitución paralela Al^{3+} o Fe^{3+} por Fe^{2+}) transforma la epidota en **allanita (2)**, radiactiva, de cristales alargados y pegajosos agrupados en masas de color antracita.

La **zoisita** se suele presentar en prismas estriados planos de exfoliación perfecta, reunidos en abanico, a veces en fibras. Constituye cúmulos rocosos verdes, apreciados como piedra ornamental, sobre todo cuando están salpicados de rubíes (página 60, **2**); en cristales azules transparentes (color obtenido mediante tratamiento térmico) bien formados, se denomina **tanzanita (6)** y se utiliza en joyería. También forma masas rosas (debido a la presencia de manganeso), apreciadas en ornamentación con el nombre de **thulita (4)**.

De estructura próxima a la zoisita, la **ardennita (7)**, silicovanadato arseniado alumino-manganoso, forma prismas acanalados con una exfoliación perfecta, con aspecto de cañas.

La **vesubianita** (o **idocrasa**), con una estructura próxima a la de la hidrogrosularia (página 142), con la que se asocia en ocasiones en estado masivo, forma cristales centimétricos **(1, 3)** prismáticos estriados y piramidales, utilizados en joyería. Generalmente verde, se denomina **ciprina (9)** cuando es azul y **xanthita** la versión amarilla. En masas granulosas verdes, recuerda al jade y en tales casos se conoce como **californita**.

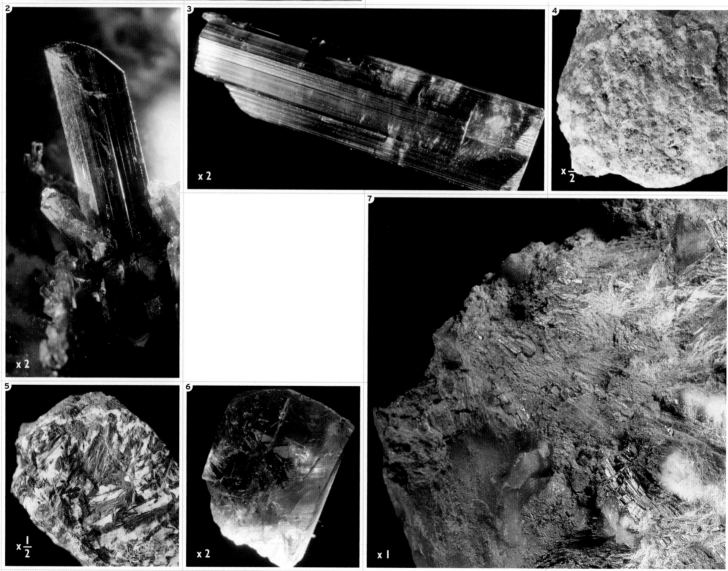

8

x 5

9

x 5

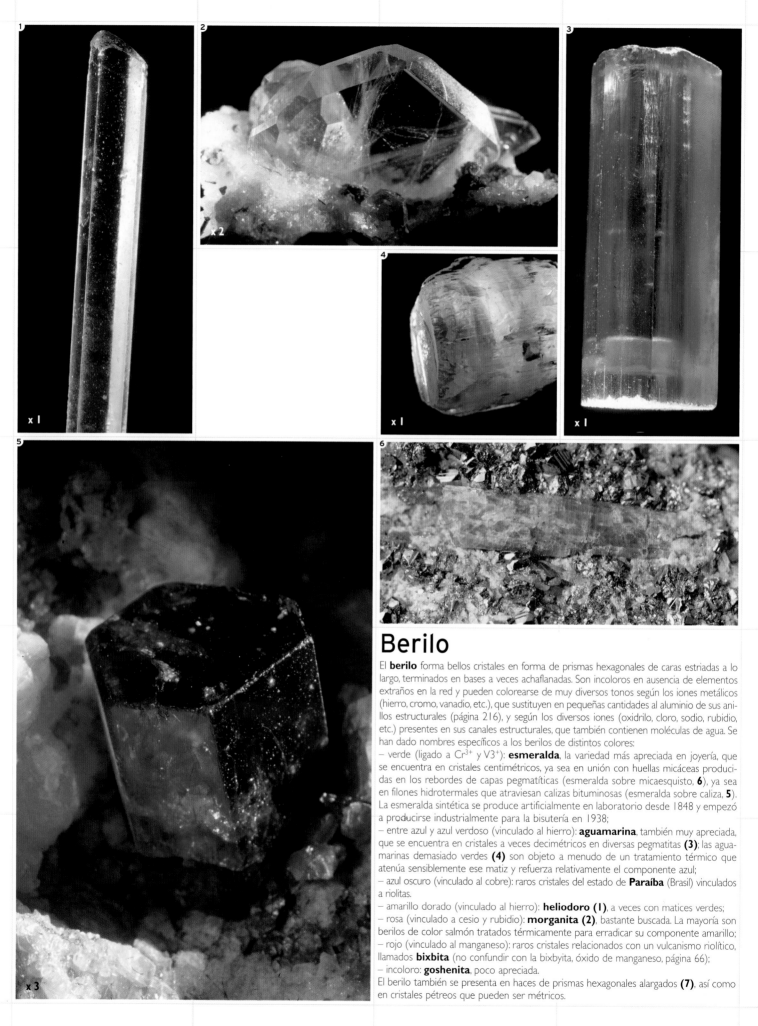

Berilo

El **berilo** forma bellos cristales en forma de prismas hexagonales de caras estriadas a lo largo, terminados en bases a veces achaflanadas. Son incoloros en ausencia de elementos extraños en la red y pueden colorearse de muy diversos tonos según los iones metálicos (hierro, cromo, vanadio, etc.), que sustituyen en pequeñas cantidades al aluminio de sus anillos estructurales (página 216), y según los diversos iones (oxidrilo, cloro, sodio, rubidio, etc.) presentes en sus canales estructurales, que también contienen moléculas de agua. Se han dado nombres específicos a los berilos de distintos colores:
– verde (ligado a Cr^{3+} y $V3^{+}$): **esmeralda**, la variedad más apreciada en joyería, que se encuentra en cristales centimétricos, ya sea en unión con huellas micáceas producidas en los rebordes de capas pegmatíticas (esmeralda sobre micaesquisto, **6**), ya sea en filones hidrotermales que atraviesan calizas bituminosas (esmeralda sobre caliza, **5**). La esmeralda sintética se produce artificialmente en laboratorio desde 1848 y empezó a producirse industrialmente para la bisutería en 1938;
– entre azul y azul verdoso (vinculado al hierro): **aguamarina**, también muy apreciada, que se encuentra en cristales a veces decimétricos en diversas pegmatitas **(3)**; las aguamarinas demasiado verdes **(4)** son objeto a menudo de un tratamiento térmico que atenúa sensiblemente ese matiz y refuerza relativamente el componente azul;
– azul oscuro (vinculado al cobre): raros cristales del estado de **Paraíba** (Brasil) vinculados a riolitas.
– amarillo dorado (vinculado al hierro): **heliodoro (1)**, a veces con matices verdes;
– rosa (vinculado a cesio y rubidio): **morganita (2)**, bastante buscada. La mayoría son berilos de color salmón tratados térmicamente para erradicar su componente amarillo;
– rojo (vinculado al manganeso): raros cristales relacionados con un vulcanismo riolítico, llamados **bixbita** (no confundir con la bixbyita, óxido de manganeso, página 66);
– incoloro: **goshenita**, poco apreciada.
El berilo también se presenta en haces de prismas hexagonales alargados **(7)**, así como en cristales pétreos que pueden ser métricos.

7

x 3

Turmalinas

La familia de las **turmalinas** se compone de varios minerales que constituyen soluciones sólidas entre ellos. Forman largos prismas estriados en su longitud, cuya sección es un triángulo equilátero de lados convexos que puede llegar a transformarse en hexágono, terminado en un lado por una base y por el otro en caras de pirámides planas. Un cristal puede romperse ya sea en el yacimiento mientras todavía está en actividad, y soldarse a continuación de forma natural, ya sea tras la colocación del yacimiento, y haber sido soldado artificialmente mediante una cola **(8)**. Las turmalinas suelen estar incluidas en cuarzo **(1)**, en ocasiones en numerosos cristales aciculares, llamados **flechas de amor (2)** si están repartidos de manera desordenada en cuarzo cristal de roca, así como algunas fibras asbestiformes. Los minerales extremos de las series de la turmalina se distinguen mineralógicamente por sus iones metálicos. Los joyeros que los utilizan realizan una distinción por el color, y es posible encontrar un mismo tinte en varias denominaciones mineralógicamente diferentes. Los principales minerales y colores de esta familia son:

– la **elbaíta**, sodolítica, y la **liddicoatita**, calcolítica: la mayoría de las turmalinas utilizadas en joyería forman parte de esta serie y se designan según su color por las denominaciones rubellita (entre rosa y rojo, **6**), indigolita (azul, **7**), verdellita (verde) y acroíta (incolora). Estas turmalinas son, a veces, polícromas tanto a lo largo **(5, 8)** como en su sección; las zonaciones cromáticas de las secciones transversales se denominan *melón de agua*;

– la **dravita**, sodomagnesiana, presenta a menudo tonos pardoverdosos, en ocasiones amarillos **(4)**;

– el **chorlo**, sodoférrico **(3)**, constituye, en principio, las flechas de amor **(2)**.

x 1

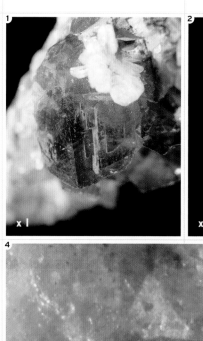

x 30

x 1

x 2

$x\frac{1}{2}$

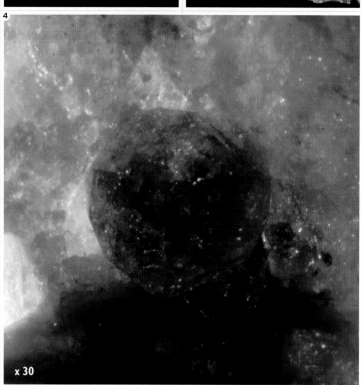

x 1

Cordierita y otros ciclosilicatos

La **cordierita** (o **iolita** o **dicroíta**) es un importante mineral del metamorfismo de rocas arcillosas, tanto regional como local («de contacto»), cuya estructura es muy próxima a la del berilo. Según la dirección que sigue la vista que los atraviesa, sus cristales, cortos prismas seudohexagonales **(5)**, muestran un color diferente: azul violáceo, azul grisáceo, gris amarillento. Este tricroísmo característico, que en ocasiones hace que se denomine de forma abusiva a la cordierita *zafiro de agua*, obliga al lapidario a orientar bien el cristal que talla para la joyería, de manera que parezca azul una vez engastado.

La **benitoíta** es un mineral mítico de California, donde se confundió la primera vez con un zafiro debido a sus cristales bipiramidales y su color azul **(7)**, que se torna casi incoloro según la dirección desde la cual se observa el cristal.

La **dioptasa**, teñida por el cobre de color verde esmeralda, forma prismas centimétricos terminados en un romboedro bastante agudo (**3** en mármol, **6** en cerusita) y, en ocasiones, agregados granulosos o aciculares.

La **axinita**, cuyo color recuerda a la turmalina común, se presenta en cristales centimétricos en forma de hacha **(1)** y de laminillas de caras estriadas.

Los perfectos prismas hexagonales milimétricos de **milarita (2)**, berilífera, se explican bien por su estructura, que contiene anillos dobles de simetría seis.

La **eudialita** (o **eucolita**) contiene iones de sodio, de calcio, de hierro y de circonio que unen los anillos estructurales y están parcialmente sustituidos por iones de tierras raras y de niobio, razón por la cual es muy explotada en los yacimientos de sienita nefelínica. Sus cristales achaparrados de color rojo purpúreo **(4)**, a veces centimétricos, tienen forma de romboedros planos.

Piroxenos

Con una estructura constituida por hilos $[(SiO_3)_2]^{4-}$ de sección prácticamente propia de triángulo rectángulo isósceles, dispuestos en paralelo pies contra cabeza, mantenidos solidarios por diversos iones metálicos, principalmente de sodio Na^+, calcio Ca^{2+}, magnesio Mg^{2+}, hierro Fe^{2+} y Fe^{3+}, los **piroxenos** forman prismas alargados de sección casi cuadrada con dos ángulos opuestos truncados y dos exfoliaciones casi rectangulares correspondientes a las caras del prisma.

Entre los piroxenos cálcicos, la serie **diópsido (5)** magnesiano-**hedenbergita (2)** ferrosa se presenta más bien en masas laminares (y en agregados aciculares en el caso del diópsido). Con una presencia de hierro férrico y de aluminio, el diópsido (o **alalita** o **mussita, 7**) se convierte en **dialaga (1)**, a menudo en masas laminares, augita o **fassaíta (8)** en prismas, por lo común, achaparrados.

Sodoférrica, la **egirina**, cuyos prismas son alargados, se convierte en **acmita (4)** si están presentes el aluminio y el titanio.

La **onfacita (3)** es calcosódica y rara vez se presenta en cristales; con sus masas granulosas se esculpen en ocasiones objetos de vitrina.

La serie ferromagnesiana **hiperstena** (ferrosa) - **enstatita** (magnesiana, **6**) rara vez se encuentra en bellos cristales: normalmente son masas fibrosas o laminares.

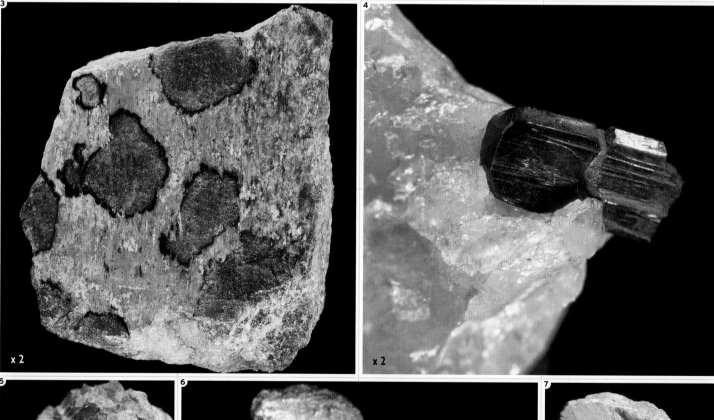

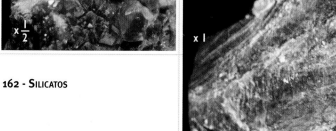

Jadeíta - Espodumena - Rodonita

La **jadeíta** es un piroxeno aluminosódico, a menudo cromífero (de ahí su frecuente, aunque no exclusivo, color verde) que forma, excepcionalmente, cristales prismáticos aislados **(3)**; se presenta más bien en masas microcristalizadas **(jadeitita, 1)** con los cristales enredados, lo cual le da una buena cohesión que permite un uso apreciado en ornamentación **(1)**. El término **jade** se aplica a los cúmulos masivos de jadeíta, así como a la nefrita (página 168). Cuando su color natural no es suficientemente agradable, el jade-jadeíta se tiñe artificialmente e incluso se impregna de plástico coloreado.

La **espodumena** es un piroxeno aluminolítico, en ocasiones cromífero (de ahí el color verde de la **hiddenita**) y habitualmente amarillento **(2)**, que forma cristales prismáticos de exfoliación perfecta que pueden llegar a ser de dimensiones muy grandes (más de un metro). Su variedad rosa, llamada **kunzita**, es muy apreciada en joyería. Sometida a una potente radiación ionizante (rayos X, gamma), la espodumena adopta un color verde inestable (que desaparece pasados unos días o unas semanas), que puede hacer que el aficionado la confunda con hiddenita.

La **rodonita** es de estructura cercana a los piroxenos y siempre rosa debido a su constitución manganosa. Rara vez se presenta en cristales tabulares aislados **(4)** y forma principalmente masas granulosas rosas **(7)**, apreciadas en ornamentación.

De estructura próxima a los anfíboles, la **prehnita**, que rara vez se ve en cristales planos bien aislados **(5)**, se presenta generalmente en apilamientos de cristales en forma de copela, cuyo aspecto recuerda al de las valvas **(6)**; a veces se utiliza en ornamentación.

x 1/3

x 3

x 10

x 3

x 1

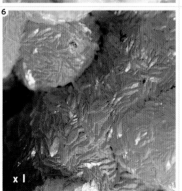

x 1

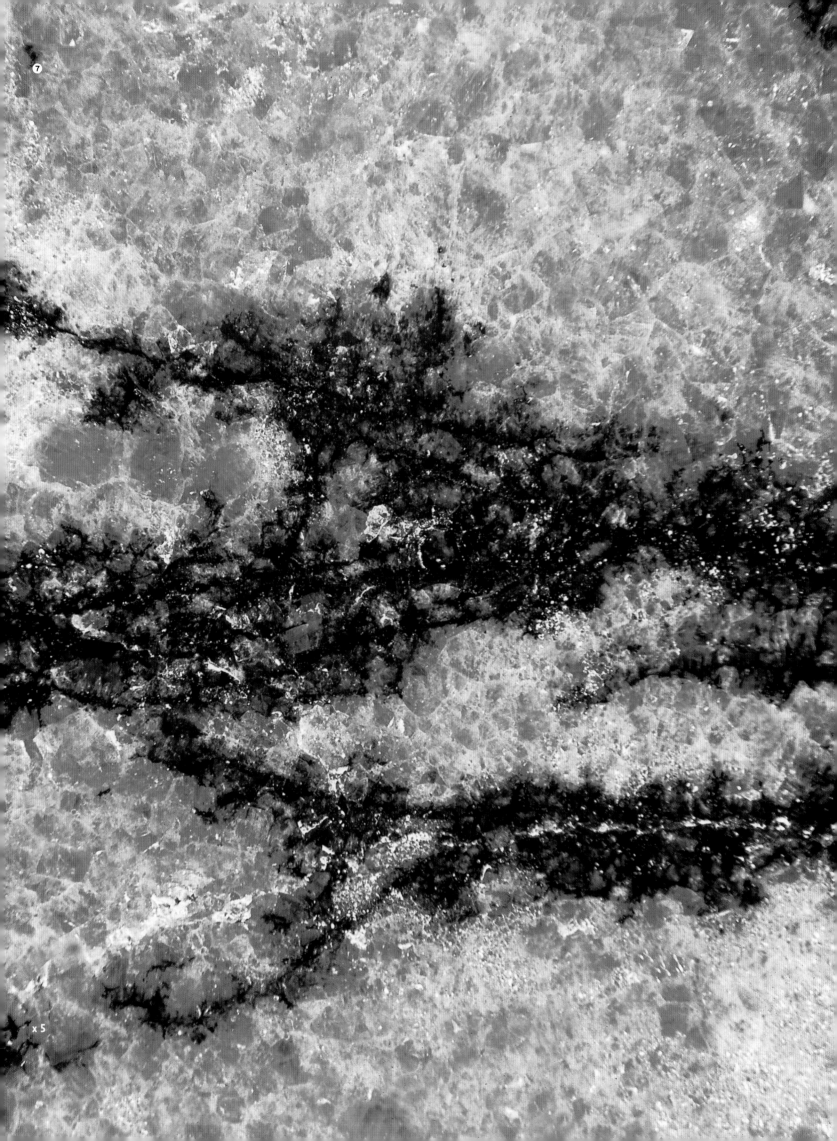

Inosilicatos diversos

Los **inosilicatos**, de estructura muy cercana a los piroxenos, forman cristales aciculares o prismáticos alargados, en ocasiones congregados en masas compactas.

La **okenita (4)** se presenta en cristales aciculares, a veces, reunidos en delicadas bolas de finas agujas flexibles (página 178, fig. **7**).

La **inesita** (**1**, en cúmulos que se incrustan en calcita), cuyos cristales aciculares rosas forman habitualmente cúmulos fibrorradiados, es más rara en prismas aislados.

La **babingtonita (3)** se presenta en prismas tabulares negros, brillantes, plurimilimétricos, con una exfoliación perfecta.

La **pectolita (2),** a veces en cristales aciculares, se presenta generalmente en agregados masivos de cristales aciculares fibrorradiados, a menudo rosas, en ocasiones azules, y en tal caso comercializados para la ornamentación bajo el nombre de **larimar**.

Los prismas estriados centimétricos de **serandita (7)** se reúnen a menudo en agregados laminares.

La **neptunita (6)** se encuentra en prismas negros centimétricos de base casi cuadrada. Es un ciclosilicato de cuatro elementos que acompaña a la benitoíta (página 160, **7**) en la natrolita (página 178, **5**), y cuya estructura recuerda a la de los anfíboles, con los que también puede agruparse (páginas 216 y 217).

La **astrofilita (5)**, circonotitanosilicato de alcalinos (sodio, potasio, calcio) ferromanganosos, es un inosilicato, aunque posee una estructura cristalina laminar análoga a la de las micas (iones K^+ y Na^+ que unen entre sí hojas constituidas por una capa ferromanganosa de elementos octaédricos $[(Fe, Mn)O_6]$ situados entre dos capas titanosilíceas de elementos tetraédricos $[SiO_4]$ y octaédricos $[TiO_6]$). Forma cristales laminares alargados parecidos a micas, perfectamente exfoliables, y también se encuentra en cúmulos compactos.

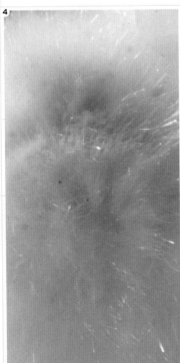

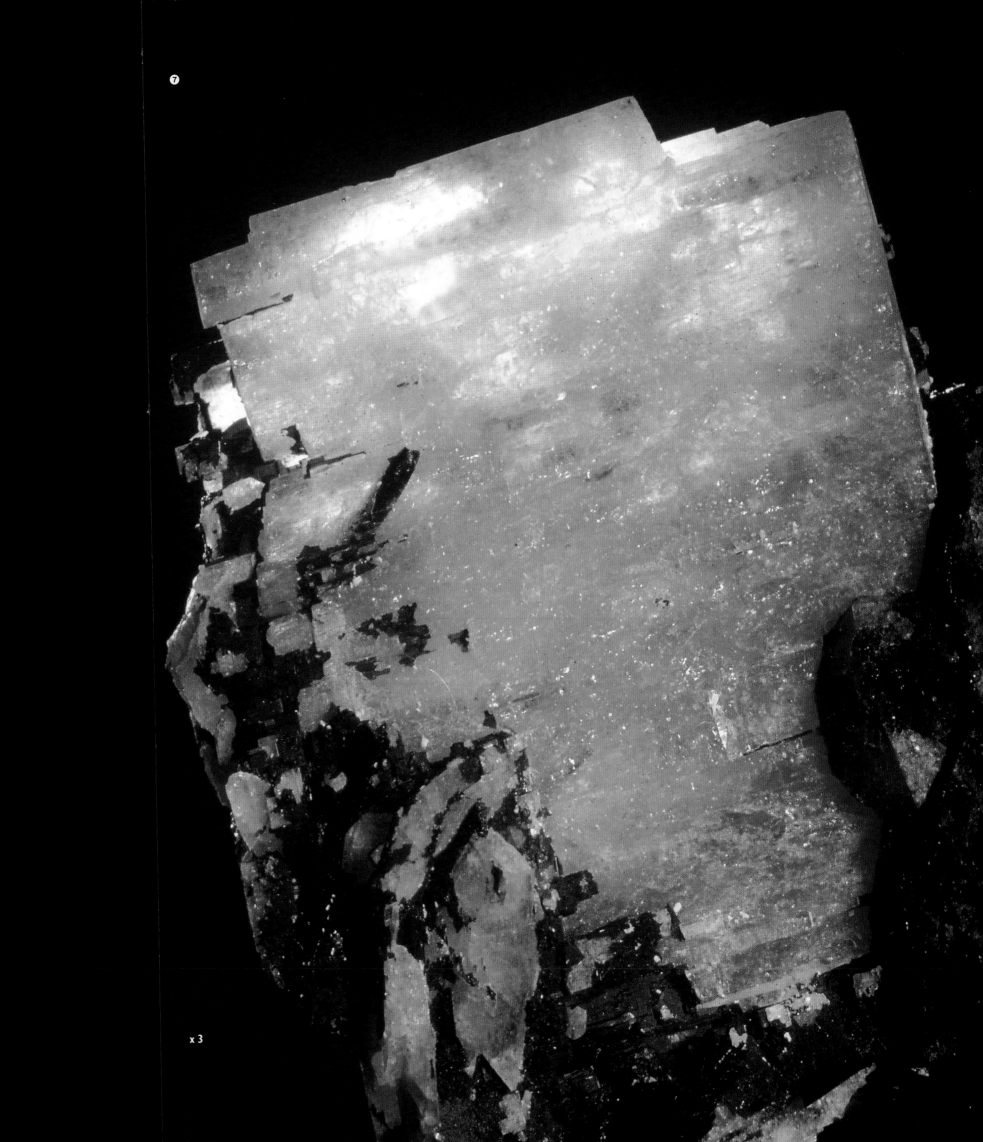

x 3

Anfíboles

Las cintas silíceas hidroxiladas de sección trapezoidal de los **anfíboles**, unidas por varios iones metálicos (sodio, calcio, magnesio, hierro, aluminio…), están dispuestas cabeza abajo, lo cual conlleva dos exfoliaciones que crean entre ellas un ángulo de unos 60°, y genera prismas de sección rómbica, a veces hexagonal, generalmente muy alargados, e incluso fibrosos.

La serie de anfíboles cálcicos va de la **tremolita (5)** magnesiana hasta la **actinota (4)** férrica. Estos minerales, que rara vez aparecen en cristales aislados (especialmente la tremolita), forman agregados fibrosos y, con menor frecuencia, cúmulos de cristales fibrosos **(3)** tan enredados que se distinguen con mucha dificultad los unos de los otros, aunque ello confiere una excelente cohesión a la roca así constituida, llamada **nefrita** o **jade nefrita (2)**, la cual se ha venido esculpiendo desde la Prehistoria. Siempre en la gama de los verdes debido a su constitución, del verde «grasa de cordero» al verde oscuro, las nefritas de color poco agradable se lavan con ácido para eliminar los posibles depósitos de limonita intergranulares y después se tiñen artificialmente y/o se impregnan con hornblendas verdes, en las que la sílice de las cintas está parcialmente sustituida por aluminio coloreado.

Las **hornblendas verdes**, habituales, en las que la sílice de las cintas está en parte sustituida por aluminio, forman menos cristales aislados que las **hornblendas pardas** de cintas completamente silíceas. Los cristales, prismas de base hexagonal, están incluidos en algunas rocas o bien se reúnen en cúmulos granulosos, fibrosos y masivos.

La **glaucofana (7)**, que rara vez constituye prismas alargados aislados, suele presentarse en masas granulosas o fibrosas de color azul lavanda. Las fibras silicificadas de **crocidolita**, vecina de la glaucofana pero de color gris azulado, hacen tornasoles; también son buscadas con el nombre de **ojo de halcón** (página 10). Oxidada, la crocidolita se tiñe de doradillo, y silicificada, es el **ojo de tigre (1)**, también apreciado. En ocasiones, la hematites roja o metálica se mezcla con fibras de crocidolita oxidada **(8)**; en tales casos, puede tratarse de **ojo de toro** o de **ojo de hierro**.

Las fibras de color azul cielo de **plancheíta** o **shattuckita (1)** suelen estar reunidas de forma masiva y tales cúmulos, en ocasiones, se pulen en un tambor giratorio para su posterior utilización en joyería.

x 1

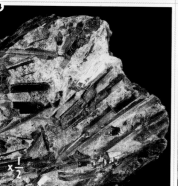

x ½

x ½

x 2

x 1

x 1

x 2

Talco - Pirofilita - Apofilita

Dos capas silicatadas envolviendo una capa magnesiana o aluminosa forman hojas silicomagnesianas o silicoaluminosas eléctricamente neutras y, por lo tanto, muy débilmente unidas entre sí, que caracterizan al talco y a la pirofilita, cuya exfoliación es por ello perfecta y muy fácil, la dureza especialmente reducida **(piedra blanda)** y el tacto untuoso. Los cristales son laminares **(talco, 1)**, pero la facies habitual es la de masas compactas. El **talco masivo (8)**, familiarmente denominado **piedra de jabón**, se utiliza principalmente algo endurecido al fuego como la **pirofilita**, para esculpir diversos objetos votivos (de ahí su denominación, **pagodita**). Además de masas criptocristalinas, esta última también forma agregados laminares radiados en forma de rosetas **(3, 4, 7)**.

Las hojas silicofluoradas de **apofilita** están sostenidas por iones de potasio y calcio, lo cual les aporta una cierta cohesión; pero la presencia de moléculas de agua intersticial favorece su exfoliación con el calor. Sus grandes vacíos estructurales las hacen parecerse a las zeolitas (páginas 178 y 180). Los cristales son frecuentes, ya sean prismas seudocúbicos **(6)** de ángulos truncados, pirámides agudas **(5)** o tabletas. No es rara la facies en forma de agregados masivos o granulosos **(2)**.

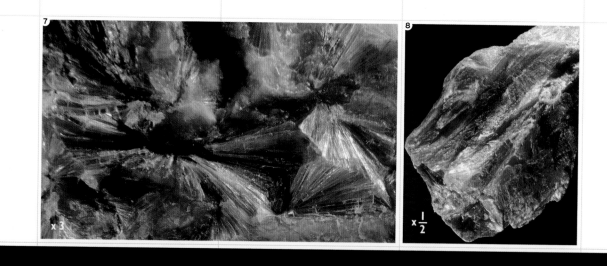

7

8

x3

x½

Micas

Las **micas** se caracterizan por hojas silicoaluminosas hidroxiladas ligadas entre sí por iones principalmente de potasio, por una parte, y, por otra, de aluminio o hierro y/o magnesio, de ahí una exfoliación perfecta y fácil de los minerales de esta familia, que permite obtener finas láminas flexibles y elásticas. Estos minerales se presentan generalmente en agregados escamosos, masas laminares o granulosas y, rara vez, en cristales aislados, a excepción de la **biotita (1)** ferromagnesiana, de la **flogopita (4)** magnesiana y de la **moscovita (2)** aluminosa, que desarrollan plaquetas y pirámides hexagonales de grandes dimensiones, estriadas según el sentido de la exfoliación, en perpendicular a su alargamiento. En el siglo XVII, la moscovita se utilizaba en Rusia para cerrar las ventanas y, hasta mediados del siglo XX, como ventana para las calderas. Una moscovita en forma de masa compacta se denomina **damurita (7)**; una moscovita cromífera es una **fucsita (9)**, cuyos cúmulos microgranulosos verdes se usan en ornamentación como sustituto del jade. La **lepidolita (5)** es una moscovita lítica a menudo asociada en algunas pegmatitas con el topacio y con la espodumena, así como con la **zinnwaldita (3)**, una lepidolita ferrosa. La **margarita (8)** es una mica aluminocálcica, que se presenta en pequeñas plaquetas seudohexagonales de brillo nacarado (de ahí su nombre, del griego *margarités*, 'perla'), cuyas laminillas de exfoliación quebradizas hacen que se clasifique como *mica dura*.

Por alteración, la biotita se transforma en masas laminares de **protovermiculita (6)**, cuyas hojas de exfoliación son flexibles sin ser elásticas, y que se exfolia con el calor (también se utiliza como absorbente: camas para gatos, disminución de los residuos gaseosos de los rumiantes, etc.).

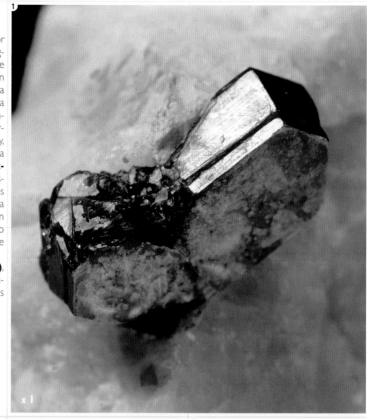

7

x I

8

x I

9

Serpentinas

Una capa de entidades tetraédricas silíceas unida por oxidrilos comunes con una capa octaédrica magnesiana forma la estructura básica de las **serpentinas**; la ligera diferencia de las distancias entre los centros de los oxígenos puestos en común de una y de otra capa tomada aisladamente (1,7 y 1,8 angstroms, es decir 5,5 %) provoca tensiones que se liberan ya sea por limitación de la superficie de las hojas, lo que da lugar a la serpentina laminar, o **antigorita (9)**, ya sea por enrollamiento de las hojas sobre sí mismas, lo que da lugar a la serpentina fibrosa, o **crisotilo (8)**. Las fibras de esta última, en ocasiones de diez centímetros de longitud, le dan, debido al enredo de las mismas **(6)**, una cohesión suficiente para permitirle sustituir a los jades en ornamentación; las serpentinas se presentan en agregados **(1)** de tonos verdes, escamosos, fibrosos, sedosos, etc.

La **garnierita (2, 5 y 7)**, o **numeita**, es una crisotilo niquelífero, mineral de níquel en masas coloformes; incluida en criptocristales entre fibras de calcedonia, transforma ésta en **crisoprasa** (página 196).

Su vecina clorífera y ferromanganosa, la **pirosmalita (3)**, forma tabletas hexagonales o agujas reunidas en agregados. Su politipo, la **friedelita**, manganosa y rosa, se utiliza en ocasiones en ornamentación.

Aunque de estructura similar, la **girolita** (o **zeofilita, 4**), tiene caracteres próximos a los de las zeolitas (páginas 178 y 180), y forma concreciones radiadas similares a las de la okenita (página 166).

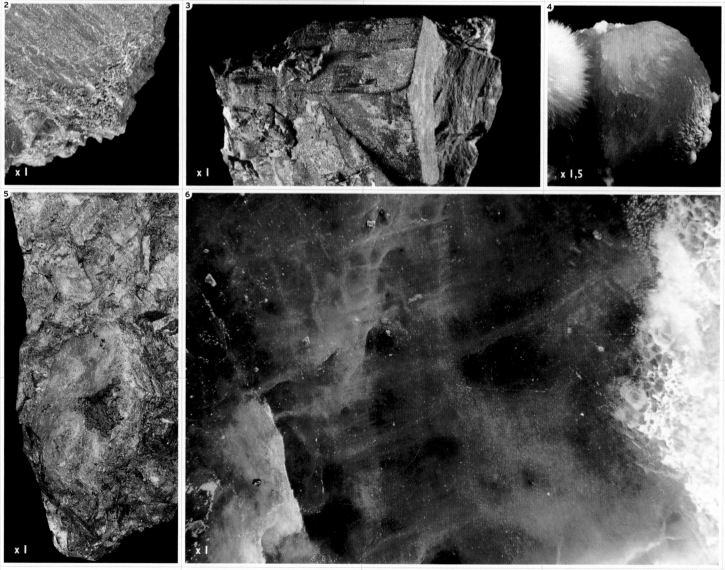

7

8

x 3

9

x $\frac{1}{2}$

x 3

x 1/2

x 10

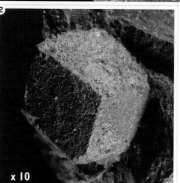

x 20

x 10

Cloritos

Estructuralmente, los **cloritos** son una alternancia de hojas silicomagnesianas de tipo talco (página 170) y de hojas de brucita (página 68). Al ser eléctricamente neutras, estas hojas están unidas por débiles enlaces de tipo hidrógeno. La exfoliación de los cristales es perfecta y produce láminas flexibles no elásticas. Los diversos cloritos se diferencian por las sustituciones de silicio-aluminio y de magnesio-hierro-aluminio.

Una serie continua une el **talco-clorito** (**clorito** *stricto sensu*, **5**), totalmente magnesiano, con el **clinocloro (7)**, aluminomagnesiano, cuyo término intermedio es la **pennina**; estos minerales forman plaquetas seudohexagonales, prismas estriados en perpendicular al alargamiento, a veces en forma de barril, y también constituyen masas foliáceas o masivas, más o menos granulosas. El clinocloro puede asociarse con la spessartita **(7)**.

Un clinocloro ferrífero es una **ripidolita (6)**, del griego *ripis, ripidos*, 'abanico', nombre debido al aspecto frecuente de los agrupamientos cristalinos de sus cristales.

Cromífero, el clinocloro se convierte en **kammererita (3)**, cuyos cristales en plaquetas entre rosa melocotón y rojo carmín están limitados por seis lados casi prismáticos.

Los **leptocloritos** (del griego *leptos*, 'pequeño', ya que sus cristales son inframicroscópicos) son clinocloros en los que el magnesio y el aluminio están sustituidos, en mayor o menor medida, por hierro. Constituyen lo esencial del mineral de hierro de Lorena. Entre ellas, la **turingita (2)** se presenta en masas minúsculas escamosas nacaradas de color verde oliva, y la **aerinita (1)** destaca por sus tonos azules.

Con una estructura de serpentina (página anterior) en la que el magnesio está sustituido por aluminio, la **nacrita (4)** se presenta en cúmulos de laminillas hexagonales plurimilimétricas de brillo nacarado, mientras que la **caolinita,** vecina y materia prima de la porcelana, forma masas compactas de cristales inframilimétricos a partir, principalmente, de feldespatos alterados.

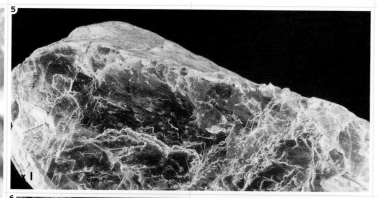

x 1

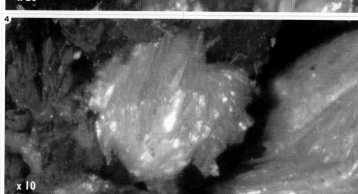

x 5

x 10

x 1

x 1

x 5

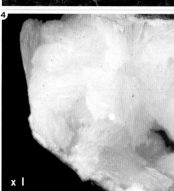

x 1

Zeolitas aciculares

Las **zeolitas** son un grupo de minerales constituidos por una estructura silicatada provista de grandes cavidades estructurales comunicantes, en las que se colocan grandes iones metálicos, principalmente alcalinos, y moléculas de agua, poco y muy poco unidos a dicha estructura. De ahí se desprenden dos propiedades interesantes de estos minerales: su fácil deshidratación les permite absorber moléculas de menor diámetro que sus cavidades estructurales, lo cual hace posible utilizarlas como «tamiz molecular»; y su aptitud para intercambiar cationes, especialmente sodio con calcio, hace que se utilicen para ablandar el agua dura (calcárea). Las zeolitas se clasifican según su facies, determinada por la naturaleza de su estructura silicoaluminosa constituida por un ensamblaje de cadenas, hojas o jaulas.

Entre las zeolitas de carácter fibroso se encuentra una serie calcosódica, **escolecita (3)** cálcica - **natrolita** o **mesotipo (1, 5)** sódico, que se presenta en prismas incoloros que pueden alcanzar 15 cm de longitud, o en agujas, a menudo reunidas en grupos fibrorradiados. A pesar de sus estructuras similares a esta serie, la **mesolita (6)**, sodocálcica, forma más bien grupos radiados de cristales aciculares, mientras que la **thomsonita (4)**, calcosódica, se presenta en prismas y en concreciones aciculares radiadas, y la **gonnardita (2)**, también calcosódica, en glóbulos fibrorradiados de varios milímetros. La **laumontita (7**, aquí con algunas esférulas de okenita), de cadenas estructurales más complejas, constituye agregados aciculares o cristales prismáticos alargados.

x 1

x ½

7

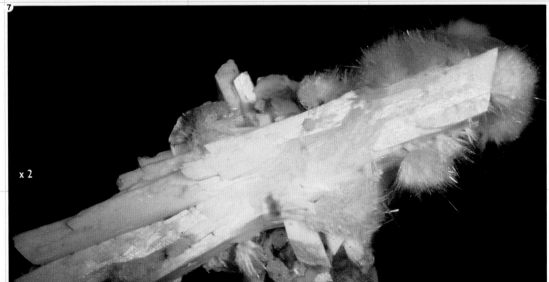

x 2

x 2

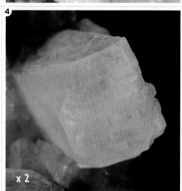

x 2

x 1

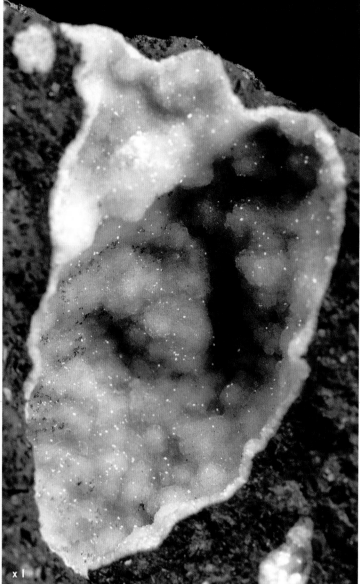

x 1

x 1

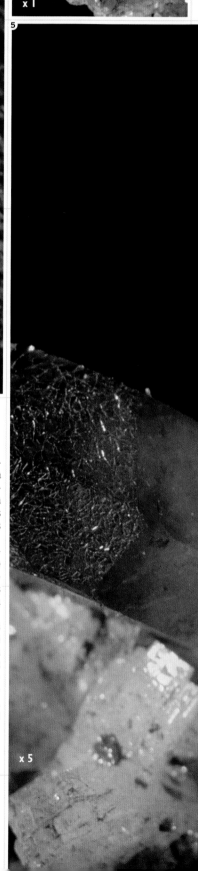

x 5

Zeolitas laminares e isométricas

Las principales **zeolitas laminares** contienen hojas formadas por anillos silicoaluminosos unidos por entidades tetraédricas silíceas o aluminosas. Su exfoliación perfecta presenta un brillo nacarado más o menos pronunciado. La **heulandita** forma cristales centimétricos tabulares **(4)** agrupados en masas laminares **(6)**. La **estilbita** rara vez se presenta en cristales aislados **(8**, aquí sirve de soporte a la apofilita). Su facies clásica es un haz de cristales planos y también agrupa sus cristales en masas globulares radiadas **(9)**.

Los minerales del grupo phillipsita-harmotoma-gismondita poseen una estructura tridimensional de tipo feldespato (páginas 188 y 190) que contiene anillos de cuatro y ocho entidades tetraédricas ortogonales. La **gismondita (1)** forma cuasioctaedros milimétricos y agregados. Los cristales milimétricos de **filipsita (2)** suelen estar en maclas (asociados) para formar cruces y conjuntos radiados. La **harmotoma (3)** presenta esas mismas facies, pero centimétricas.

La estructura de la **chabasita** está constituida por jaulas formadas por capas sucesivas de anillos dobles de milarita (página 160) dispuestos de manera no unida en forma de nido de abejas, capas situadas en apilamiento hexagonal. Cada jaula adopta así la forma de un barril limitado por dos bases hexagonales, cuyas paredes tienen tres grandes aberturas octogonales que dejan un paso de un diámetro de 3,9 angstroms, que permite principalmente separar metano de benceno mediante filtrado molecular. Los cristales seudocúbicos de la **chabasita (7, 5)** suelen estar interpenetrados de dos en dos, uno de ellos girado una sexta parte de circunferencia respecto al otro, alrededor de una diagonal del cubo.

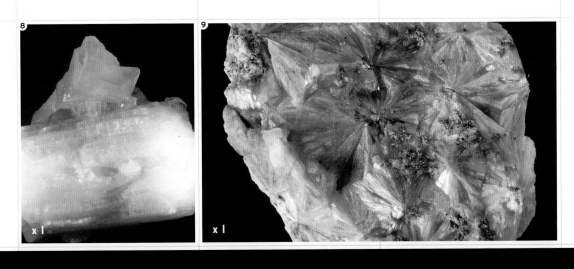

8

9

Leucita - Danburita

La familia de la leucita podría, en cierto modo, considerarse zeolítica. La estructura silicoaluminosa de estos minerales se parece, en efecto, a la de la chabasita: jaulas en forma de octaedro con caras alternas lisas y piramidales, cuyos diez vértices están ocupados por iones metálicos de elementos tetraédricos (SiO_4) o (AlO_4) y los centros de las doce aristas piramidales por sus oxígenos comunes, lo cual deja cuatro pasos hexagonales de 1,40 angstroms solamente (dimensión de los canales estructurales de los berilos y las turmalinas). Esas jaulas están unidas de dos en dos por puesta en común de los iones de silicio situados en los vértices del octaedro y de cuatro en cuatro por un silicio externo ubicado en las caras piramidales. La **leucita**, cada «jaula» de la cual contiene un ión de potasio K^+, se presenta siempre en tetragonotrioctaedros **(3)** de hasta cinco centímetros de diámetro, llamados *leucitoedros* por ser tan característicos. La **analcima** forma cubos **(1, 6)**, o en ocasiones leucitoedros, que alcanzan un diámetro de 25 cm; sus jaulas contienen un ión de sodio Na^+ que es más pequeño que el ión de potasio y deja espacio a una molécula de agua cuyo carácter zeolítico no es nítido. Lo mismo sucede con la **polucita**, analcima en la que el cesio Cs^+ sustituye una parte del sodio. Mineral de cesio, la polucita sólo forma escasos cristales centimétricos, normalmente muy corroídos **(7)** y sus agregados masivos tienen un aspecto de cuarzo.
La **danburita (2, 4, 5)**, cuya estructura es similar a la de los feldespatos, forma cristales similares a los del topacio (pero sin exfoliación basal) de hasta 30 cm. Es habitualmente incolora y se utiliza en joyería cuando es amarilla.

x 10

x 2

x 2

x 5

x 5

x 5

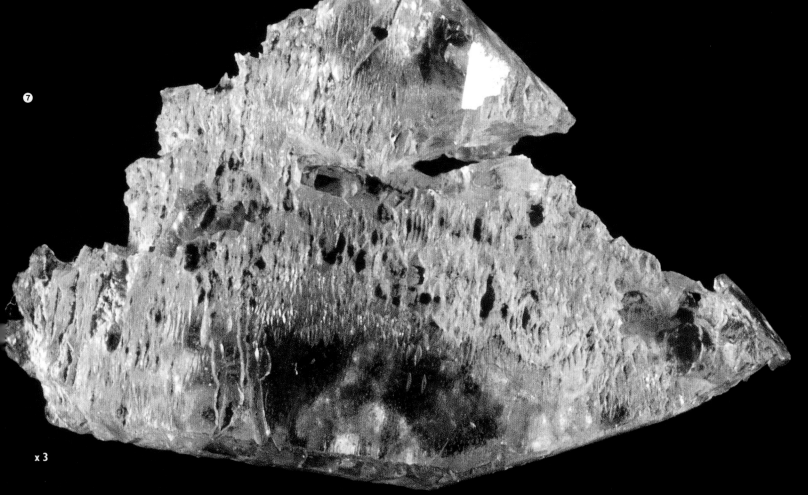

x 3

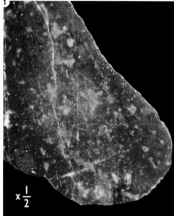

x $\frac{1}{2}$

Ultramares

La familia de los **ultramares**, minerales de un azul más o menos constante, muy rara vez incoloros, presenta una estructura sili-coaluminada que forma jaulas cubooctaédricas (cubo con los vértices truncados), cuyo llenado determina el mineral: la serie abarca la **sodalita (4)**, sodoclorada, la **noseana**, sodosulfatada, la **hauyna (5)**, sodocálcica-sulfatoazufrada, y la **lazurita (2)** calcosódica-azufrada.

Los 32 vértices de las jaulas cubooctaédricas están ocupados por los iones metálicos de elementos tetraédricos (SiO_4) o (AlO_4), y el centro de las 48 aristas por sus iones de oxígeno comunes. Como en el caso de la leucita, el paso que permite comunicar las jaulas entre sí −1,40 angstroms− es insuficiente para dar un carácter zeolítico a los ultramares.

La **sodalita**, que en raras ocasiones constituye cristales aislados bien formados, se encuentra a veces en prismas incoloros **(7)** y, habitualmente, en masas de tono azul grisáceo violáceo, recorridas por pequeñas vetas **(4, 6)**. La **hauyna** se presenta más bien en granos milimétricos redondeados en basalto **(5)**. La lazurita, que forma muy rara vez cristales dodecaédricos centimétricos **(2)**, constituye más bien cúmulos, a menudo veteados, de calcita y pirita, llamados **lapislázulis (1, 3)**, y buscados en ornamentación.

Diversas falsificaciones imitan el lapislázuli y, principalmente, vidrio azul con inclusiones de vidrio aventurinado para imitar la pirita en el lapislázuli, jaspe teñido de azul o ferrocianuro de hierro («azul de Prusia») a veces engañosamente presentado como *lazulita alemana*, o *lazulita suiza*, mármol teñido y lapislázuli sintético.

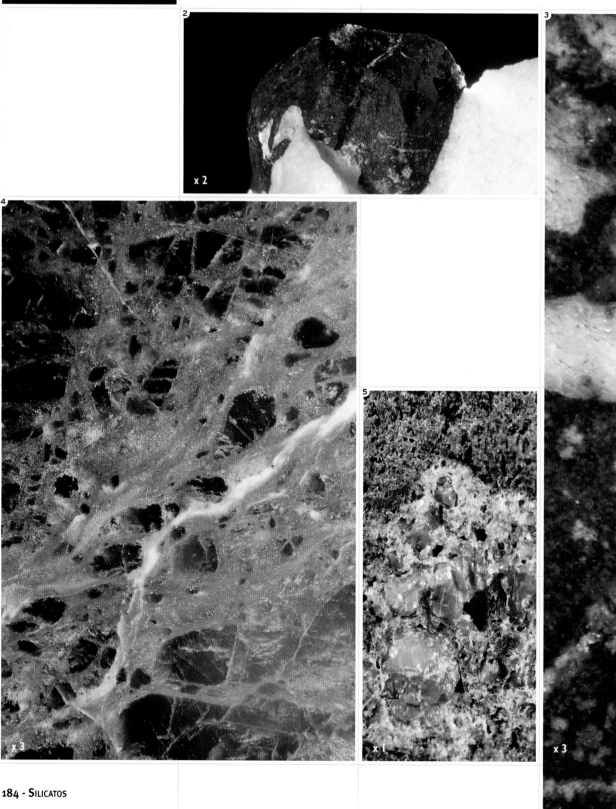

x 2

x 3

x 1

x 3

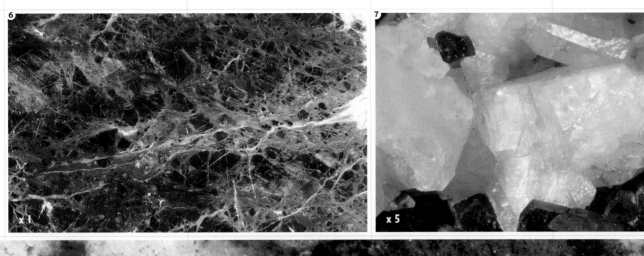

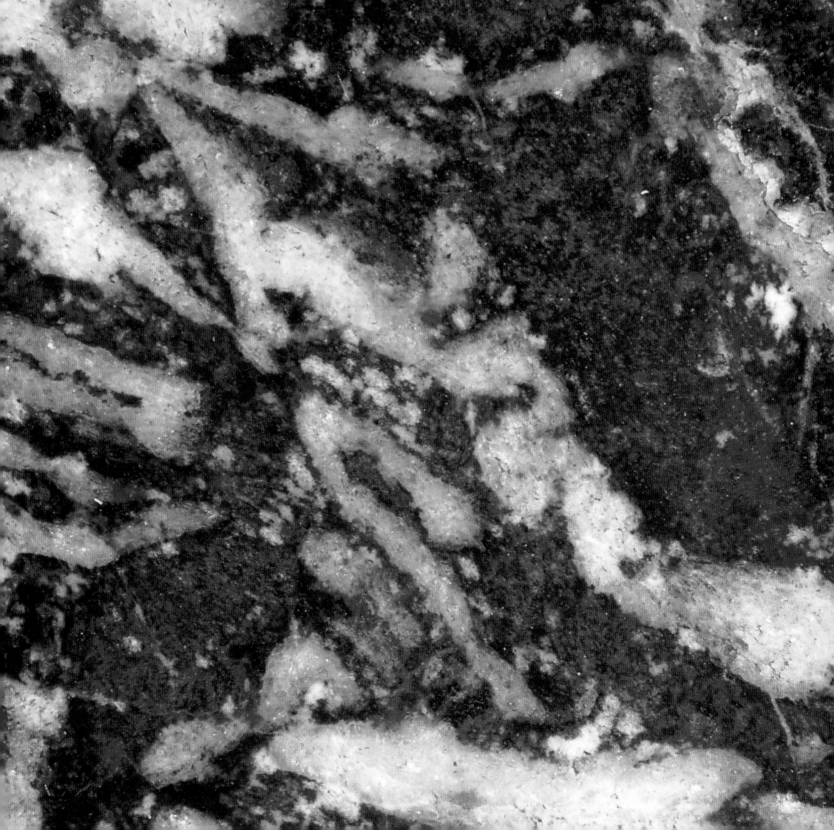

Escapolitas

Las **escapolitas** (del griego *skapos*, 'bastón', debido a su facies en prismas de hasta 70 cm de longitud), o **werneritas**, forman una serie continua entre un mineral sodoclorado, la **marialita**, y uno calcocarbonatado, la **meionita (7)**. Estructuralmente, están constituidas por un armazón silicoaluminoso construido a partir de anillos de cuatro entidades tetraédricas (SiO_4) y (AlO_4), anillos unidos en escalera por oxígenos comunes en las cuatro direcciones posibles, que generan dos planos rectangulares correspondientes a las direcciones de exfoliación prismática en las caras laterales de los cristales (prisma de base cuadrada) y con una posibilidad de tornasol; la inclinación de las contrahuellas de la escalera corresponde a las direcciones de exfoliación bipiramidal y a las caras de las pirámides terminales **(3)** de los cristales. De ello resulta un aspecto en esquirlas de los agregados masivos **(1, 6)**. En las grandes cavidades estructurales del armazón, además de los iones de sodio Na^+, calcio Ca^{2+}, cloro Cl^- y de los grupos $(CO_3)^{2-}$, se sitúan algunos iones de magnesio Mg^{2+}, potasio K^+, flúor F^- y agrupamientos de oxidrilo $(OH)^-$ y sulfato $(SO_4)^{2-}$. Estos minerales, a menudo amarillos **(3)**, rosas **(1, 5)**, pardos **(2, 4)** y con menor frecuencia violetas, son apreciados en joyería, especialmente si son tornasolados.

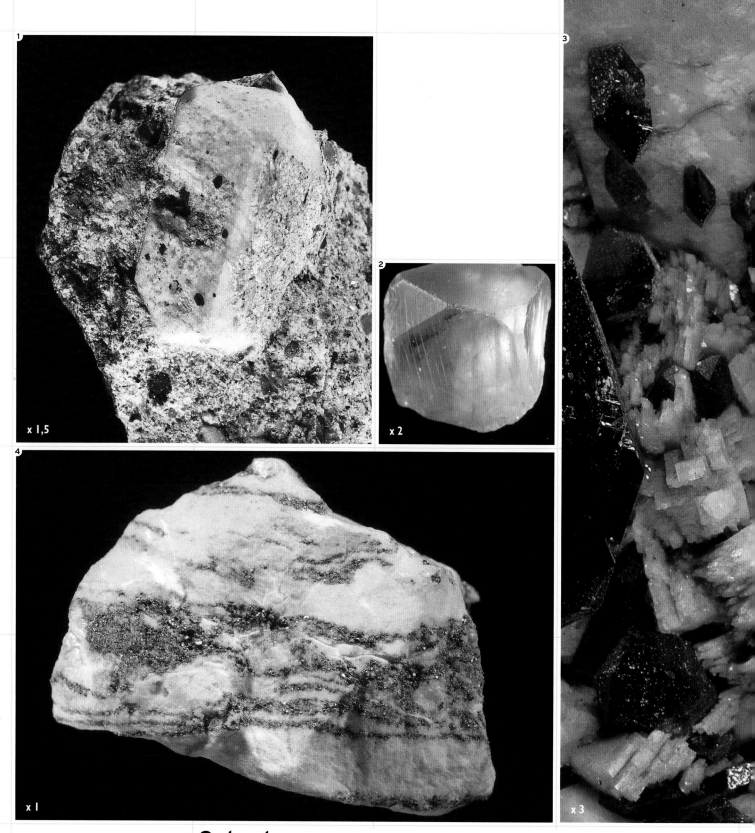

x 1,5

x 2

x 1

x 3

Ortoclasas

Los feldespatos, principales constituyentes de las rocas de las placas continentales, forman una doble serie continua de minerales, las **ortoclasas** potasosódicas que unen la ortosa, potásica, con la albita, sódica, y las plagioclasas calcosódicas que unen la anortita, cálcica, con la albita. Estructuralmente, los feldespatos están constituidos por un armazón silicoalumioso similar al de las escapolitas (doble página anterior), cuyas cavidades contienen sodio, calcio y potasio. Las exfoliaciones son casi ortogonales y los cristales forman prismas planos o placas gruesas **(3)**, a menudo en maclas **(5)** (asociadas según una dirección cristalina privilegiada).

La **ortosa (2, 6)** es en realidad un feldespato potásico metastable intermedio entre la **sanidina**, estable a altas temperaturas **(1, 5)**, cuya distribución de los iones de silicio y aluminio no sigue un orden en el armazón, y la **microclina**, estable a bajas temperaturas (página 190, **3** y **5**), en la que el aluminio y el silicio se reparten de manera regular en el armazón.

Un intercambio de una parte del potasio de la ortosa por bario conduce a la **hialofana (4)**, asociada aquí a la dolomía. Cuando desarrolla cristales aislados, la hialofana presenta la facies de la ortosa.

Las formas cristalinas de los feldespatos rara vez son visibles; prácticamente sólo se encuentran en las geodas de los filones pegmatíticos.

x 1

x 1

Microclina - Plagioclasas

La **microclina**, feldespato potásico de baja temperatura, forma cristales prismáticos **(3)** achaparrados, a veces enormes. Su variedad verde, llamada **amazonita (5)**, que suele mostrar claras cuadrículas debidas a una desmezcla de la solución sólida de sodio-potasio (pequeñas vetas claras de albita sobre el fondo verde de microclina), se utiliza en ornamentación desde el Antiguo Imperio Egipcio.

La ortosa sódica, llamada **adularia (2)**, a menudo recubierta de clorito **(1)**, presenta, por lo general, exsoluciones de albita en finas láminas paralelas, en las que la luz interfiere en un brillo suavemente nacarado, buscado en joyería bajo la denominación de **piedra de luna**. El grosor de las láminas de exsolución determina la naturaleza de las interferencias que se colorean en el caso de grosores menores **(espectrolita, 6)**.

Las **plagioclasas** se subdividen arbitrariamente en **albita (4)**, **oligoclasa**, **andesina**, **labradorita**, **bitownita** y **anortita**, según su contenido creciente en calcio. Los bajos contenidos en potasio pueden provocar desmezclas de ortosa, en cuyas laminillas las interferencias luminosas pueden causar iridiscencias similares a las provocadas en el ópalo noble. Este fenómeno, raro en la labradorita, puede presentarse en todos los feldespatos, incluso en la serie potásica y hasta la ortosa; dichos feldespatos se denominan **espectrolitas (6)**.

x 1

x 1

x 1

x 1

x 5

6

x 5

x 2

Cuarzo

El **cuarzo** está constituido estructuralmente por cadenas helicoidales de agrupamientos (SiO_4) unidos por oxígenos comunes; dichas cadenas están en coalescencia por puesta en común de sus oxígenos liberados; de ahí, según el sentido del helicoide, un «cuarzo derecho» y un «cuarzo izquierdo», con propiedades ópticas simétricas, que pequeñas facetas situadas en la unión de prisma/pirámide del prisma bipiramidal señalan en ocasiones macroscópicamente.

Además del prisma hexagonal de caras estriadas perpendicularmente a su alargamiento (**1**, aquí moteado de rejalgar), muchas facies pueden llamar a equívoco al observador: aplanamiento según una cara prismática, predominio de una o de varias caras, crecimientos prismático y piramidal por turnos **(cuarzo cetro, 8)**. Dos cristales pueden asociarse, especialmente un cuarzo derecho y uno izquierdo interpenetrados, conservando en común el eje de sus prismas (macla de Brasil), o dos ejemplares que disponen sus ejes de prisma en cruz (**macla de la Gardette**, también conocida como de *Japón*, página 194, **2**). Alternancias de tiempo de crecimiento y de ataque en el yacimiento provocan una facies de **cuarzo ventana (3)**. Durante interrupciones de crecimiento, varias cristalitas del fluido termal pueden depositarse en las caras temporales del cuarzo; quedan englobadas cuando reinicia el crecimiento, recuerdan un cetro y propician el **cuarzo fantasma (6)**. Una irradiación natural puede provocar un tono pardo, dando lugar al **cuarzo ahumado, (5)**. Si el cuarzo capta oxidrilos o iones de hierro durante su formación, éstos pueden expresarse posteriormente en finas partículas de agua o de hematites, y dar lugar a un **cuarzo lechoso** (otrora considerado favorable para la lactancia de las madres) o a un **cuarzo hematoide (2, 7)** (con propiedades esotéricas asociadas a la sangre), que no debe confundirse con un cuarzo recubierto superficialmente de ocre rojo **(4)**.

En ocasiones, se irradia artificialmente el cristal de roca para darle un color ahumado; y si se trata a continuación térmicamente, puede adoptar un color de amatista o citrino.

x 3

x 1/2

x 1

x 1

x 1/2

x 1

x 2

Cuarzo como alhaja

Sin exfoliación, rayado únicamente por pocos minerales y sólo atacado por el ácido fluorhídrico, el cuarzo no es frágil; por tanto, es lógico considerarlo «noble» y utilizarlo como alhaja, especialmente cuando muestra un color agradable. Cuando es incoloro, se denomina *cristal de roca* y se talla en forma de copas, objetos de vitrina, lágrimas de arañas, etc. Si es malva, se denomina **amatista (1)** y en ocasiones se considera un amuleto contra los nefastos efectos de la embriaguez. Este color se atribuye a la presencia de iones de hierro Fe^{2+} y Fe^{4+} en la red de cuarzo; Fe^{4+} no es estable, únicamente en el campo cristalino de cuarzo a baja temperatura: la amatista pierde su color hacia 250 °C, y se torna, en general, amarilla hacia 500 °C, por transformación irreversible de los iones de hierro en Fe^{3+}, particularidad descubierta por unos negociantes alemanes en Brasil en 1883. El cuarzo amarillo se denomina **citrino (5)**, 'color de limón', similar en ocasiones al vino de Madeira **(4, 3)**. El cuarzo incoloro contiene fibras de rutilo enmarañadas y se conoce como **cabellos de Venus** (página 56, **2**), la diosa del amor rubia con reflejos pelirrojos; a veces el rutilo se encuentra en agujas rectilíneas y sólo recuerda a los rayos de sol **(7)**. El cuarzo incoloro atravesado por largas agujas negras de turmalina recibe el nombre de **flechas de amor** (página 158, **2**). Cuando contiene fibras paralelas de anfíbole, el cuarzo se vuelve **tornasolado (6)**, y se conoce como *ojo de halcón* (página 10) u *ojo de toro* (página 168). Se puede encontrar cuarzo en cavidades más o menos grandes, llamadas *hornos* por los buscadores de cristales alpinos, y **geodas (8)** si son de menor tamaño.

En ocasiones, se fisura artificialmente el cristal de roca y se tiñen dichas fisuras de color rojo o verde para imitar el rubí o la esmeralda; los caldeos ya realizaban dichas imitaciones en el siglo I a. C. En la actualidad se comercializan habitualmente amatistas y citrinos sintéticos.

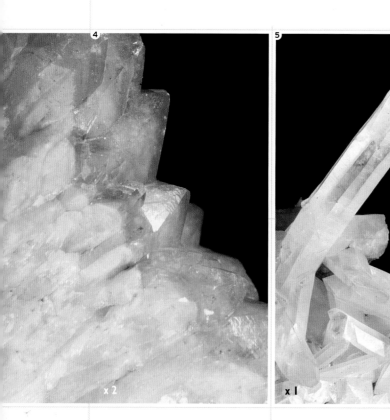

6

7

x 2

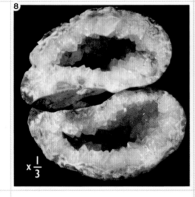

8

x $\frac{1}{3}$

x 5

x 1

Calcedonias

Las **calcedonias** son cuarzos fibrosos microcristalizados dispuestos en paralelo en una incrustación mamelonada y monocroma **(1)**; en sección, las zonas de crecimiento sucesivas forman festones **(5)**; en cantos rodados de ríos, las diversas fases de crecimiento pueden sugerir figuras esotéricas a veces apreciadas **(2)**. Su color está vinculado a la presencia de criptocristales entre los microcristales de cuarzo (hematites, serpentinas, etc.). Según el color, se distingue:

– la **calcedonia común gris** (utilizada desde el primer milenio a. C. como soporte de tintura para adoptar el aspecto de una calcedonia coloreada de manera natural). Las calcedonias comunes se tiñen muy a menudo por impregnación de óxidos de hierro, de sales de cromo, de ferrocianuro, etc., para darles el aspecto de cornalina, crisoprasa, calcedonia azul, ónix, etc.

– la **cornalina**, roja **(2)** ;

– el **sardónice**, pardo **(3)** ;

– el **ónix**, negro (este término también designa un ágata de dos capas: blanca y negra);

– la **crisoprasa**, verde.

Las calcedonias, vinculadas a lexivaciones silíceas de rocas circundantes, se depositan a veces en formaciones de alteración cavernosa, como el sardónice atrapado en el jaspe de la fotografía **3**. Los primeros depósitos suelen ser una sílice no cristalizada que forma capas de ópalo, como este **ópalo común encintado (4)** que no ha evolucionado a causa de las condiciones externas.

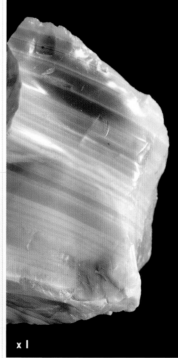

x 1

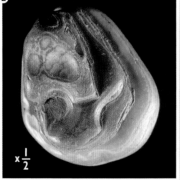

x 10

x $\frac{1}{2}$

x 1

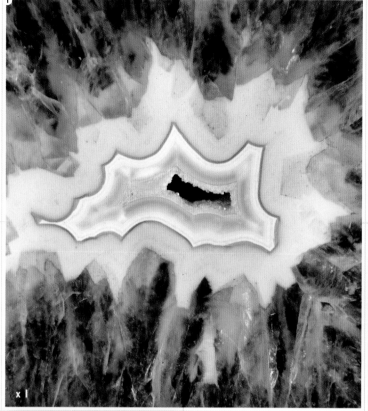

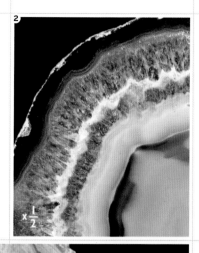

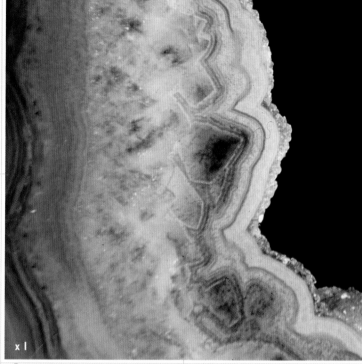

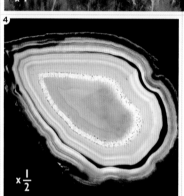

Ágatas

Las **ágatas** son capas de calcedonia de diversos colores superpuestas en incrustaciones y que tapizan geodas procedentes, principalmente, de burbujas de gas inclusas en basaltos, y a veces las llenan completamente **(6, 4, 2)**. Los distintos colores se deben a la presencia de criptocristales de hematites, de micas, de serpentinas, etc., insertados entre los microcristales de cuarzo. En una geoda de basalto, el llenado de sílice es el resultado de una lixiviación de la lava que alimenta la cavidad; los primeros depósitos son generalmente de ópalo común, y los siguientes cristalizan en fibras silíceas hasta un eventual aislamiento de la geoda del exterior, de ahí que se produzca una última cristalización de macrocristales. Las muestras aquí presentadas son placas de geodas. El canal de alimentación de la geoda deja una huella aguzada que parece apuntar al exterior **(1, 5)**.

El llenado de la cavidad no se realiza necesariamente de manera continua, sino que pueden sucederse varios ciclos, aunque a veces una capa de cristales más desarrollados puede encontrarse presa entre dos capas de calcedonia **(2, 4)**. Una protuberancia en el interior de la geoda puede provocar una especie de inclusión esférica; en **(5)**, bajo el canal de alimentación, aparece dicha particularidad, que, tallada en cabujón, daría un *Niccolo*, u ojo de ágata, a menudo buscado como amuleto contra el mal de ojo.

En América del Sur (Brasil, Uruguay), tras un tiempo de detención después de que los depósitos incrustan la cavidad, la precipitación se produce a menudo en estratos paralelos **(3)**.

Al igual que las calcedonias, las ágatas se impregnan en ocasiones con diversas tinturas para darles colores más «comerciales», a veces muy agresivos (ágatas azules).

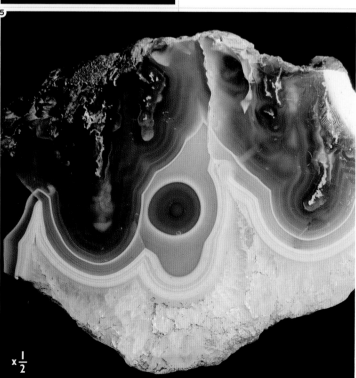

6

x 2

Cuarzo - Jaspes - Lussatita

Los **jaspes** son rocas silíceas ornamentales, mezclas no orientadas de calcedonias y de cuarzo **(5)**. En ocasiones presentan un aspecto encintado **(1)**. A veces, las capas cuarzosas sucesivas generan una facies festonada **(4, 2, 8)**; en tales casos, el uso es vago por lo que se refiere a las denominaciones: jaspe agatoide, cuarzo festonado cuyo aspecto recuerda al de las fluoritas festoneadas (doble página 32) y al de los **cuarzos amatistas zonados (7, 2)**, utilizados para la elaboración de copas.

La **lussatita (3, 6)** constituye una incrustación con la superficie mamelonada de **cristobalita** fibrosa, mineral de baja temperatura formado por un apilamiento cúbico compacto de iones de oxígeno O^{2-}, que contienen en una cuarta parte de sus planos tetraédricos iones Si^{4+} dispuestos de manera que todas las entidades (SiO_4) formadas tengan la misma orientación. La cristobalita se forma principalmente durante la desvitrificación de los vidrios artificiales; este accidente, sistemáticamente provocado en vidrios rojos a finales del siglo XIX y principios del XX por la casa Fabergé de San Petersburgo para adornar objetos de joyería, se presentó con el nombre abusivo de *purpurina*.

1

x 1

2

$x \frac{1}{2}$

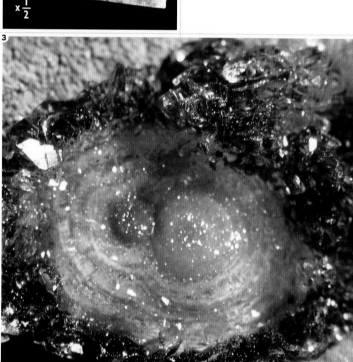

3

x 3

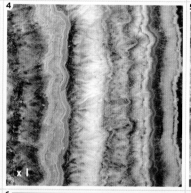

4

x 1

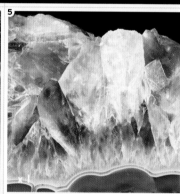

5

x 1

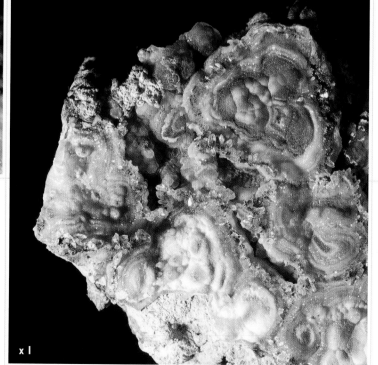

6

x 1

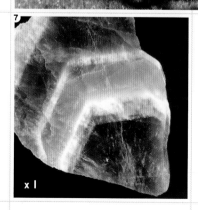

7

x 1

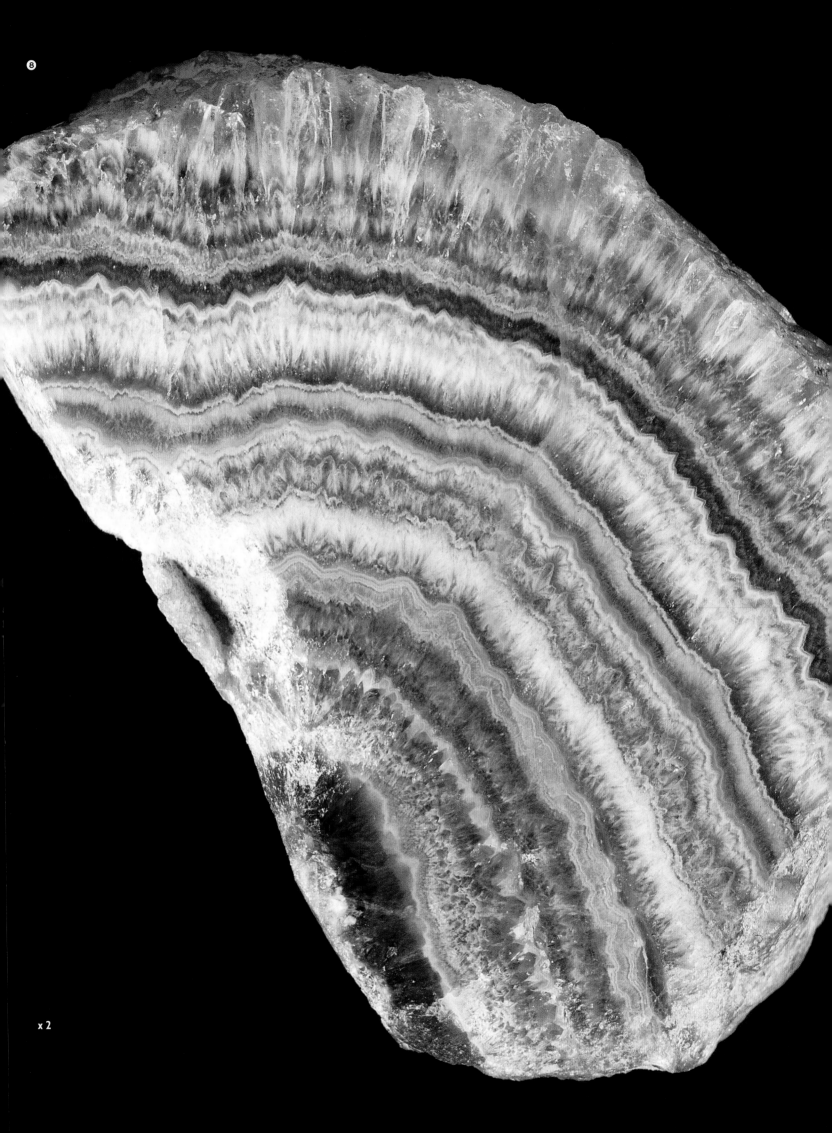

8

x 2

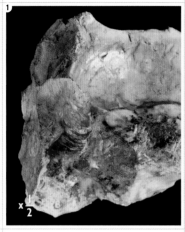

x ½

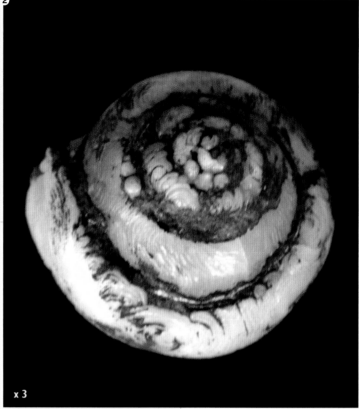

x 3

x 10

x 1

x 5

Ópalo

Está formado por un apilamiento compacto de esférulas silíceas hidratadas fibrorradiadas. Cuando éstas son idénticas y de un diámetro equivalente a las longitudes de onda de la luz visible, ésta interfiere en la red y produce vivas iridiscencias denominadas *destellos* del **ópalo noble (4, 6)**. En los demás casos, las interferencias no se producen o se producen en luces invisibles (ultravioleta, infrarroja) y el ópalo llamado *común*, tiene el aspecto macroscópico de una incrustación coloforme opalescente gris. Éste puede presentar diversos brillos, principalmente céreos, como el **ópalo resinita (5)**.
El ópalo resulta de la lenta sedimentación de una lixivación silícea, que puede quedar atrapada en geodas, sobre huellas arcillosas en las areniscas de los desiertos australianos, por materia orgánica inclusa en dichas areniscas, como un **gasterópodo fosilizado por opalización (2)**.
Los dobletes ópalo-ágata, ópalos sintéticos y ópalos ennegrecidos por «caramelización» se comercializan habitualmente.

Quincita

La **quincita (1)** es un ópalo común rosa que impregna la magnesita masiva en las calizas silíceas de la región de Quincy (Cher), en Francia.

Crisocola

La **crisocola (3)** es un silicato de cobre hidratado que constituye incrustaciones botrioidales en relación con yacimientos de cobre. Sus masas coloformes pueden hacer que se la considere un *ópalo cuproso*.

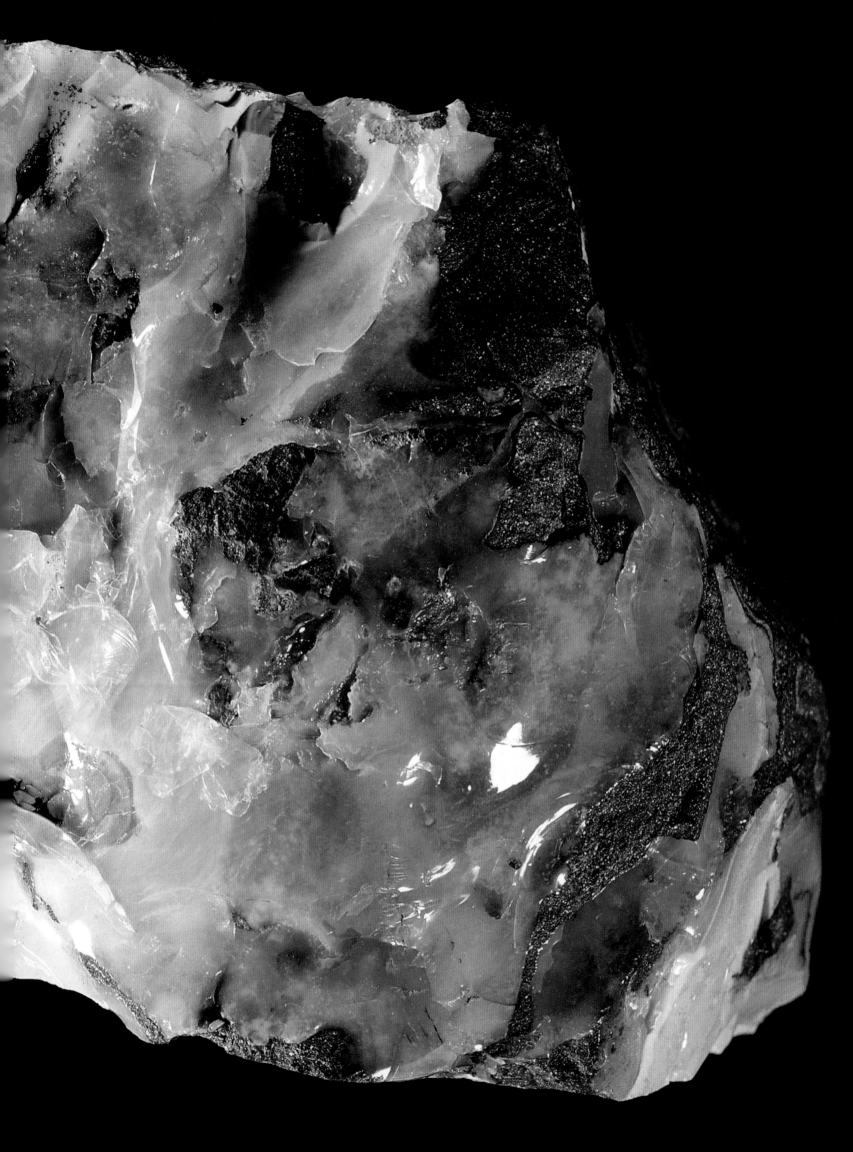

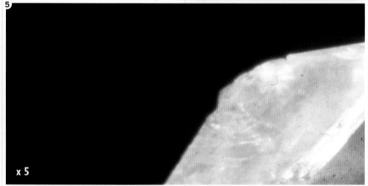

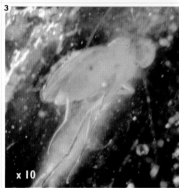

Minerales orgánicos

Aunque no esté producido necesariamente por un organismo vivo, un mineral carbonado se considera orgánico. Entre éstos, la **whewellita (5)**, oxalato de calcio hidratado, se encuentra entre filones metalíferos, siempre en cristales cordiformes en macla y aspecto muy parecido al de la calcita. La **melita (7)**, melato de aluminio hidratado, a menudo masivo, forma pirámides de base cuadrada y con la parte superior truncada.

El **ámbar** es una resina vegetal fósil producida por coníferas. La polimerización de sus cadenas hidrocarbonadas se ha realizado durante un periodo superior a un millón de años, lo cual le da una resistencia mejor que la de las resinas actuales (copales) y las artificiales (principalmente, estirenos) a los solventes orgánicos. Ha fosilizado distintos animales atrapados durante su secreción (arañas **(2)**, hormigas **(4)** y mosquitos **(3)**), lo cual da en ocasiones un aspecto turbio a un trozo de ámbar, que también ha captado burbujas de aire de la época y distintos pólenes **(1)**. Estos insectos pueden aparecer como manchas negras en la masa del ámbar **(8)**.

El ámbar llamado óseo, que sólo contiene pequeñas burbujas, puede clarificarse por calentamiento. Se desarrolla generalmente durante el tratamiento de las fragmentaciones internas en planos circulares a veces radiados **(6)**, cuyo aspecto puede evocar soles u hojas de nenúfar. A comienzos de nuestra era ya se calentaba el ámbar con grasa de cordero para clarificarlo. Diversas técnicas similares permiten colorearlo, principalmente de rojo, color especialmente apreciado en Extremo Oriente.

7

x 10

8

x 5

Imitaciones

Las primeras imitaciones son contemporáneas de las primeras civilizaciones: desde el IV milenio a. C. se producían esmaltes y materias vítreas. Las técnicas han mejorado y en la actualidad se puede imitar todo con vidrio. Un vidrio verde con burbujas de aire estiradas hace pensar en la turmalina **(1)**; uno aventurinado mediante una precipitación de laminillas de cobre y unido a vidrios coloreados de diversos tonos, puede hacer pensar en un ágata especial **(2)**; fibras de vidrio aglomeradas, utilizadas normalmente como fibras ópticas, pueden mecanizarse para imitar un cuarzo tornasolado **(3)**; un vidrio verde en el que se han insuflado capas de burbujas de aire, podría pasar por una esmeralda con sus «jardines» **(4)**. En el año 78, Plinio el Viejo ya escribía a propósito de estas imitaciones: «Ningún tipo de fraude resulta rentable».

Actualmente, también hay que pensar en los distintos montajes que pueden realizarse para engañar al aficionado ingenuo, como la fluorina verde que se introdujo en una cavidad de su tamaño en un nódulo de turmalina, a la cual se unió mediante una cola cargada de micas, ; el conjunto se presentó como «esmeralda sobre ganga» **(5)**.

También se comercializan otras creaciones más codiciadas en lugares en los que el viajero no piensa que pueden existir falsificaciones elaboradas, como el octaedro tallado en una «botella» de corindón sintético incoloro, fabricada mediante proceso Verneuil **(13)**, y presentado como diamante, no lejos de un yacimiento diamantífero situado al final de una pista para vehículos todo terreno en el corazón de la sabana africana **(6)**.

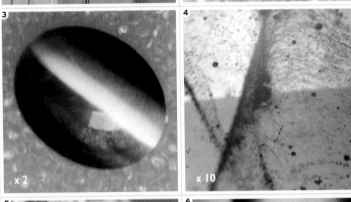

x 10   x 2

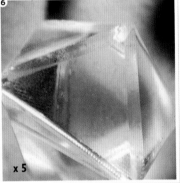

x 2   x 10

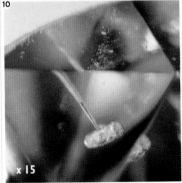
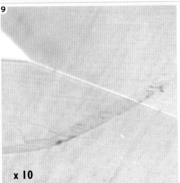

x 1   x 5   x 10

Tratamientos

La transformación de la materia fue posible desde que el *Homo erectus* dominó el fuego, hace unos 700.000 años; 20.000 años atrás, los solutrenses trataban el sílex con fuego para modificar su textura y poder tallar sus famosas *hojas de sílex*. Incluso en la actualidad, un simple calentamiento a temperaturas que no superen con mucho los 1.000 °C permite dar a ciertos minerales un color más atractivo; las técnicas de calentamiento se han desarrollado y temperaturas del orden de 2.000 °C en atmósfera controlada se utilizan ahora habitualmente, por ejemplo, para dotar a un zafiro de un color azul más puro y más intenso; pero en tal caso a menudo se producen fragmentaciones internas características **(8)**. Hoy en día también sabemos cómo hacer incoloros algunos diamantes parduscos con un tratamiento a unos 1.500 °C a una presión aproximada de 60.000 atmósferas.

Los caldeos ya utilizaban diversos tintes habitualmente antes de nuestra era en las piedras porosas o resquebrajadas; una impregnación de solución azucarada (por ejemplo, miel) seguida de una lixiviación ácida (por ejemplo, con vitriolo) hace precipitar partículas carbonosas entre las células elementales de un ópalo poco iridiscente para darle el aspecto de un ópalo negro (aunque fuera un ópalo de relumbrón) **(7)**. Del mismo modo, una calcedonia común adopta el aspecto de un ónix; un simple tinte da al aspecto de lapislázuli al jaspe, etc.

La visibilidad de las escarchas secas (fisuras) de un cristal se ve muy reducida por infiltración de aceite, de resina o incluso de materias vítreas; en tales casos, estas últimas pueden hacer las veces de cola y consolidar sensiblemente el mineral tratado, como el rubí con las fisuras artificialmente rellenadas de materia vítrea **(9)**.

Entre los múltiples tratamientos actuales, cabe destacar las distintas irradiaciones, para transformar, por ejemplo, un grupo de cristal de roca en cuarzo ahumado, más apreciado. También se puede disolver una inclusión oscura en un diamante llegando hasta ella a través de un canal abierto con láser **(10)**.

x 15   x 10

x 15   x 1

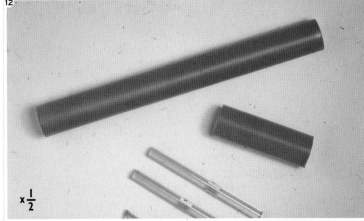

x $\frac{1}{2}$

Cristales artificiales

Además de los cristales de sal y de alumbre, los primeros cristales artificiales fueron las esmeraldas sintéticas realizadas en 1848 por Ebelmen en la fábrica de porcelana de Sèvres. Desde entonces, los métodos se han diversificado y actualmente se puede copiar cualquier mineral; el último de ellos fue el diamante en 1953. Los rubíes sintéticos empezaron a comercializarse para la joyería en 1898, los zafiros sintéticos en 1911, las esmeraldas sintéticas en 1938 y el diamante sintético en 1985.

Las técnicas de fabricación de cristales artificiales menos costosas parten de un líquido con la misma composición química que el cristal que se desea obtener. Las principales técnicas son:

– el método de Verneuil, que hace cristalizar dicho líquido (más de 2.050 °C en el caso de los corindones) gota a gota, y produce cristales de mediocre calidad estructural, con forma de botella y generalmente tallados para su uso en joyería (13);

– el método de Czochralsky, que «obtiene» el cristal a partir del líquido y produce cristales cilíndricos de buena calidad estructural, aptos para su utilización en láseres (12);

– el método de Bridgman, que hace cristalizar progresivamente el líquido en su crisol, y fabrica principalmente óxido de circonio cúbico artificial, que es, desde 1976, la imitación principal y más convincente del diamante, comercializada bajo diversos nombres de fantasía (por ejemplo, djevalita, burmalita, etc.).

Las técnicas de fabricación que tienen como punto de partida un líquido anhidro, en el que se disuelven los componentes químicos del cristal que se desea copiar, producen cristales con facetas, como los rubíes sintéticos (14), los zafiros sintéticos (15) y las esmeraldas sintéticas (16).

A veces, una fábrica también puede producir de manera accesoria cristales artificiales durante su proceso de fabricación, como el óxido de magnesio MgO, periclasa sintética (11) derivada de la metalurgia del magnesio, y, sin embargo, engañosamente presentada como procedente de un yacimiento todavía inédito.

Las técnicas de fabricación que parten de una disolución hidrotermal de los componentes del cristal por realizar producen cristales de excelente calidad estructural. Desarrolladas para la obtención de monocristales de cuarzo piezoeléctrico artificial (19), necesarios para las telecomunicaciones durante la Segunda Guerra Mundial, también permiten obtener amatistas sintéticas, espinelas rojas sintéticas, esmeraldas sintéticas, etc. La fabricación de los ópalos sintéticos, comercializados en joyería desde 1974, se deriva de esta última técnica.

La cristalización artificial del diamante se obtiene a unas 60.000 atmósferas y 1.500 °C; los cristales más fáciles de obtener son de color entre pardo y amarillo (17, 18), ya que no resulta fácil trabajar en ausencia de nitrógeno; sin embargo, se producen y se comercializan cristales artificiales de diamante incoloro en bisutería desde 1994.

Actualmente, la fabricación de macrocristales artificiales de diamante por sedimento químico al vacío ya es operativa y los primeros diamantes sintéticos fabricados así empezaron a comercializarse en 2004 (a partir de 2005 se previó una producción anual de 15.000 quilates).

x $\frac{1}{2}$

x $\frac{1}{2}$

x $\frac{1}{2}$

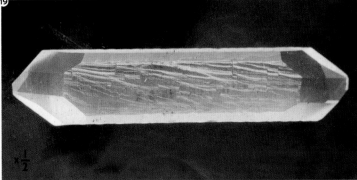

x $\frac{1}{2}$

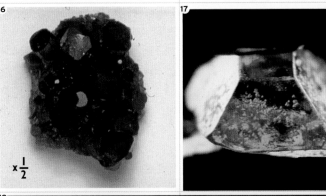

x $\frac{1}{2}$

x 3

CLASIFICACIÓN CRISTALOQUÍMICA DE LOS MINERALES

Los aproximadamente 2.500 minerales conocidos se suelen clasificar en la actualidad según su composición química y también según la forma en que se disponen sus elementos químicos. A continuación se indican los distintos grupos y clases, así como sus representantes ilustrados en la presente obra; el nombre de cada mineral citado va seguido de su fórmula cristaloquímica, del sistema cristalino al que pertenece (C, cúbico - Q, tetragonal - H, hexagonal - R, romboédrico - O, ortorrómbico - M, monoclínico - T, triclínico), de sus colores habituales, de su dureza Mohs (H, de *hardness*) y de su densidad respecto al agua (d).

Los nombres de los minerales abundantes aparecen en negrita, los de los minerales corrientes en redonda y los de los minerales raros, en cursiva.

La indicación ⇝⇝ colocada delante de un mineral significa que existe una serie continua entre dicho mineral y el que le precede.

I - Elementos nativos

Unos 80 minerales están constituidos por un solo elemento químico o, en ocasiones, por una aleación bien determinada. Se distribuyen en grupos según la naturaleza de los iones que se derivan del elemento químico neutro.

1 - Metales - Elementos que sólo producen cationes (con carga eléctrica positiva). En su estado nativo, los metales ponen en común todos sus electrones periféricos en una nube que garantiza su cohesión, de ahí su buena conductividad eléctrica; cristalográficamente, parecen apilamientos compactos de canicas (los iones), y pueden pertenecer al sistema cúbico o al hexagonal.

NOMBRE	SÍMBOLO	SIST. CRIST.	COLOR	DUREZA	DENSIDAD
Oro	Au	C	amarillo sol	2 1/2 - 3	19,3
Plata	Ag	C	blanco plateado que se empaña	3	10,5
Mercurio	Hg	líquido	blanco plateado	líquido	13,6
Kongsbergita	Ag_2Hg_3	C	blanco plateado	2	10,8
Cobre	Cu	C	pardo rojizo	2 1/2	8,95
Platino	Pt	C	gris acero	4 - 4 1/2	21,5

EJEMPLO DE METAL: el elemento con 12 protones llamado «magnesio»

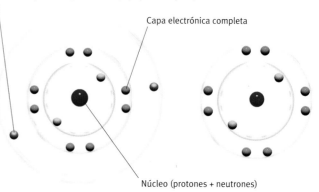

Electrón periférico poco unido (capa poco ocupada)

Capa electrónica completa

Núcleo (protones + neutrones)

Átomo de magnesio neutro

Catión de magnesio Mg^{2+} (pérdida de electrones periféricos)

ELEMENTOS
SÍMBOLOS Y RADIOS IÓNICOS

	ELEMENTO	CARGA ELÉCTRICA	RADIO IÓNICO Å
Ag	Plata	1+	1,26
Al	Aluminio	3+	0,51
As	Arsénico	3+	0,58
		5+	0,46
Au	Oro (Aureum)	1+	1,37
B	Boro	3+	0,23
Ba	Bario	2+	1,34
Be	Berilio	2+	0,35
Bi	Bismuto	3+	0,96
		5+	0,74
C	Carbono	4+	0,16
Ca	Calcio	2+	0,99
Cd	Cadmio	2+	0,97
Ce	Cerio	3+	1,07
Cl	Cloro	1-	1,81
Co	Cobalto	2+	0,72
Cr	Cromo	3+	0,63
		6+	0,52
Cs	Cesio	1+	1,67
Cu	Cobre	1+	0,96
		4+	0,70
Dy	Disprosio	3+	0,92

	ELEMENTO	CARGA ELÉCTRICA	RADIO IÓNICO Å
F	Flúor	1-	1,36
Fe	Hierro	2+	0,74
		3+	0,64
H	Hidrógeno	1+	protón
Hg	Mercurio (Hydrargyrum)	2+	1,10
I	Yodo	1-	2,16
K	Potasio (Kalium)	1+	1,33
La	Lantano	3+	1,14
Li	Litio	1+	0,68
Mg	Magnesio	2+	0,66
Mn	Manganeso	2+	0,80
Mo	Molibdeno	4+	0,70
		6+	0,62
N	Nitrógeno	5+	0,13
- (NH4):	Amonio	1+	1,43
Na	Sodio (Natrium)	1+	0,97
Nb	Niobio	5+	0,69
Ni	Níquel	2+	0,69
O	Oxígeno	2-	1,40
- (OH):	Oxidrilo	1-	1,40
P	Fósforo	5+	0,35
Pb	Plomo	2+	1,20

2 - Semimetales

2 - Semimetales - Elementos que producen en ocasiones cationes y otras veces aniones (con carga eléctrica negativa).

NOMBRE	SÍMBOLO	SIST. CRIST.	COLOR	DUREZA	DENSIDAD
Arsénico	As	R	gris claro que se ennegrece	3 1/2	5,7
Antimonio	Sb	R	blanco de estaño	3 a 3 1/2	6,7
Bismuto	Bi	R	blanco plateado rosado	2-2 1/2	9,8

EJEMPLO DE SEMIMETAL: el elemento de 33 protones, llamado «arsénico»

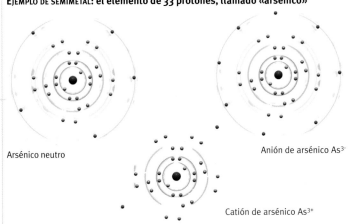

Arsénico neutro

Anión de arsénico As³⁻

Catión de arsénico As³⁺

3 - Carbono y carburos - Se caracterizan por su covalencia, es decir, por la puesta en común de electrones periféricos entre elementos yuxtapuestos (C-C, C=C, C-Si). El grafito constituye hojas eléctricamente neutras de carbonos unidos en covalencia múltiple plana, de ahí su conductividad eléctrica; dichas hojas se unen por fuerzas débiles llamadas de Van der Waals, y se deslizan fácilmente las unas sobre las otras, de ahí el tacto graso del grafito y su utilización como grasa. Los carbonos del diamante están unidos por covalencia simple tridimensionalmente, de ahí su dureza Mohs y su carácter de aislante eléctrico.

	ELEMENTO	CARGA ELÉCTRICA	RADIO IÓNICO Å
Pt	Platino	2+	0,80
S	Azufre	2-	1,84
		6+	0,29
Sb	Antimonio (Stibium)	5+	0,62
Si	Silicio	4+	0,42
Sn	Estaño (Stannum)	4+	0,71
Sr	Estroncio	2+	1,12
Ta	Tantalio	5+	0,68
Te	Telurio	2-	2,21
		6+	0,56
Th	Torio	4+	1,02
Ti	Titanio	4+	0,68
Tl	Talio	3+	0,95
U	Uranio	4+	0,97
V	Vanadio	5+	0,59
W	Wolframio	4+	0,70
		6+	0,62
Y	Itrio	3+	0,92
Yb	Iterbio	3+	0,86
Zn	Cinc	2+	0,74
Zr	Circonio	4+	0,79

10.000.000 Å = 1 mm

NOMBRE	SÍMBOLO	SIST. CRIST.	COLOR	DUREZA	DENSIDAD
Grafito	C	H	gris hierro a negro	H=1 tacto graso	d=2-2,2
Diamante	C	C	incoloro y todos los colores	H=10	d=3,52
Moissanita	SiC	H	negro	H=9 1/2	d=3,2

El elemento de 6 protones, llamado «carbono»

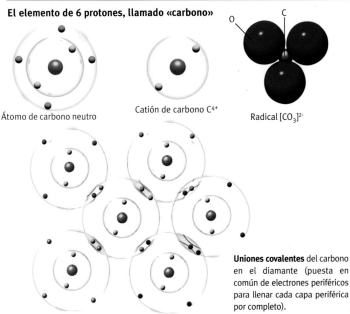

Átomo de carbono neutro

Catión de carbono C⁴⁺

Radical [CO₃]²⁻

Uniones covalentes del carbono en el diamante (puesta en común de electrones periféricos para llenar cada capa periférica por completo).

4 - No metales - Elementos que sólo producen aniones. En estado nativo, los no metales constituyen macromoléculas por covalencia, que se unen formando una red cristalina por medio de fuerzas débiles de tipo Van der Waals, de ahí su escasa dureza Mohs, y su carácter de aislante térmico; así, el azufre nativo es una unión de anillos circulares S_8 débilmente sujetos entre sí.

NOMBRE	SÍMBOLO	SIST. CRIST.	COLOR	DUREZA	DENSIDAD
Azufre	S	O y M	amarillos	H=1 1/2-2	d=2,0
Telurio	Te	R	blanco de estaño	H=2-2 1/2	d=6,2

EJEMPLO DE NO METAL: el elemento de 18 protones, llamado «oxígeno»

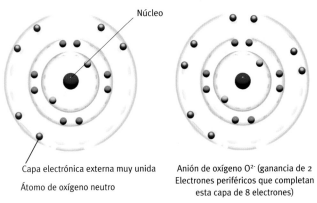

Núcleo

Capa electrónica externa muy unida

Átomo de oxígeno neutro

Anión de oxígeno O²⁻ (ganancia de 2 Electrones periféricos que completan esta capa de 8 electrones)

II - Sulfuros, arseniuros, antimoniuros, teluluros, seleniuros y bismuturos

Unos 350 minerales están constituidos por la unión de cationes de metales y/o semimetales con aniones de no metales y/o semimetales. La cohesión de los cristales está básicamente garantizada por las fuerzas eléctricas de los iones constitutivos y las estructuras cristalinas están determinadas por las relaciones de sus diámetros respectivos, lo cual suele generar una simetría cristalina elevada. Pueden realizarse varias clasificaciones, ya sea según la relación del número de cationes y aniones que se equilibran eléctricamente, ya sea según el principal metal o semimetal contenido. Nos decantamos por esta última posibilidad, ya que se trata de los principales minerales de los metales no ferrosos y no preciosos.

x I

Marcasita «bola de trueno».

I - Sulfuros y sulfosales cupríferas

NOMBRE	SÍMBOLO	SIST. C.	COLOR	DUREZA	DENSIDAD
Calcocita	Cu_2S	O	gris plomizo	2 1/2 a 3	5,5-5,8
Covellina	CuS	H	azul oscuro	1 1/2 a 3	d=4,6
Calcopirita	$CuFeS_2$	Q	amarillo latón	3 1/2 a 4	4,1-4,3
Bornita (erubescita)	Cu_5FeS_4	Q	rojo oscuro - amarillo bronceado irisado	3	5,0
Estannita	Cu_2FeSnS_4	Q	gris acero/ plomizo con reflejos verdes	4	4,3/4,5
Bournonita	$CuPbSbS_3$	O	gris plomizo	2 1/2	5,8
Enargita	Cu_3AsS_4	O	negro de hierro/gris acero	3	4,5
COBRES GRISES					
Tetraedrita	$(Cu^+,Ag)_{10}(Cu^{2+},Fe,Hg,Zn)_2(Sb,As)_4S_{13}$	C	gris de hierro	3	5,1
⇢ ⇢Tennantita	$(Cu^+,Ag)_{10}(Cu^{2+},Fe,Hg,Zn)_2(As,Sb)_4S_{13}$	C	gris plomizo a gris de hierro	4 1/2	4,6
- Freibergita			cobre gris argentífero		
- Schwatzita			cobre gris mercurioso		

2- Sulfuros y sulfosales plumbocincíferas

NOMBRE	SÍMBOLO	SIST. C.	COLOR	DUREZA	DENSIDAD
Esfalerita (blenda)	ZnS	C	pardo a negro, amarillo miel, a veces rojo, verde	3 - 4	3,5-4,2
Greenockita	CdS		amarillo verdoso a rojo anaranjado	3-3 1/2	4,9
Galena	PbS	C	gris plomizo	2 - 3	7,4-7,6
Sartorita (escleroclasa)	$PbAs_2S_4$	M	gris plomizo oscuro	2	5,4
Liveingita	$Pb_9As_{13}S_{28}$	M	gris plomizo	3	5,3
Cilindrita	$Pb_3Sn_4FeSb_2S_{14}$	T	negro de hierro	2 1/2-3	5,4
Boulangerita	$Pb_5Sb_4S_{11}$	M	gris plomizo a negro de hierro	2 1/2-3	5,6/6,2
Zinkenita	$Pb_6Sb_{14}S_{27}$	O	gris acero a negro hierro	3-3 1/2	5,1/5,4
Semseyita	$Pb_9Sb_8S_{21}$	M	gris a negro	3	5,8/5,95
Cosalita	$Pb_2Bi_2S_5$	O	gris plomizo	2 1/2-3	6,4/6,8
Andorita	$PbAgSb_3S_6$	O	gris oscuro a negro	3-3 1/2	5,5
Meneghinita	$Pb_{13}CuSb_7S_{24}$	O	gris plomizo oscuro	3	6,4
Jamesonita	$Pb_4FeSb_6S_{14}$	M	gris plomizo	2 - 3	5,6

3 - Sulfuros y sulfosales ferríferas y manganesíferas

NOMBRE	SÍMBOLO	SIST. C.	COLOR	DUREZA	DENSIDAD
Pirita	FeS_2	C	amarillo latón pálido	6-6 1/2	5,0
Pirrotita	$Fe_{1-x}S$	H	amarillo rosado bronceado	3 1/2-4 1/2	6-4,7 magnética
Marcasita	FeS_2		amarillo bronceado con un ligero reflejo gris verdoso	6-6 1/2	4,8
Lollingita	$FeAs_2$	O	blanco plateado a gris acero	5-5 1/2	7,5
Arsenopirita (mispíquel)	$FeAsS$	M	blanco plateado a gris acero	5 1/2-6	6,0
Hauerita	MnS_2	C	pardo a negro	4	3,6

4 - Sulfuros y sulfosales cobalto-niquelíferas

NOMBRE	SÍMBOLO	SIST. C.	COLOR	DUREZA	DENSIDAD
Ullmannita	$NiSbS$	C	gris plata azulado	5-5 1/2	6,7
Millerita	NiS	R	amarillo latón - bronce	3-4	5,2/5,6
Niquelina	$NiAs$	H	rojo cobre pálido	5-5 1/2	7,8
Linneita	$Co^{2+}Co^{3+}_2S_4$	C	gris rosado claro	4 1/2-5 1/2	4,5/4,8
Glaucodoto	$(Co,Fe)AsS$	O	blanco de estaño	5	5,9/6,0
Cobaltina	$CoAsS$	C	blanco plata rosado - gris violáceo	5	6,3
ARSENIUROS BLANCOS					
- Skutterudita	$CoAs_{3-x}$	C	blanco de estaño - gris acero	5 1/2-6	d=5,5
- Safflorita	$CoAs_2$	MpseudoO	blanco de estaño - gris plomizo	4 1/2	7,2

5 - Sulfuros y sulfosales de mercurio, talio

NOMBRE	SÍMBOLO	SIST. C.	COLOR	DUREZA	DENSIDAD
Cinabrio	HgS	R	rojo carmín adamantino, que se empaña y pardea	2-2 1/2	8-8,1
Lorandita	$TlAsS_2$	M	rojo carmín, se empaña en gris	2 1/2	5,5

6 - Sulfuros y sulfosales de molibdeno

NOMBRE	SÍMBOLO	SIST. C.	COLOR	DUREZA	DENSIDAD
Molibdenita	MoS_2	H	gris plomizo	1-1 1/2	4,7 tacto graso

7 - Sulfuros y sulfosales de metales preciosos

NOMBRE	SÍMBOLO	SIST. C.	COLOR	DUREZA	DENSIDAD
Argentita (argirosa, argirita)	Ag_2S	C	gris plomizo/negro	2-2 1/2	7,3
Hessita	Ag_2Te	M-C	gris azulado	2 1/2	8,4
Calaverita	$AuTe_2$	M	amarillo latón claro	2 1/2-3	9,2
Silvanita	$AuAgTe_4$	M	gris acero/blanco plateado	1 1/2-2	8,2
Sperrylita	$PtAs_2$	C	blanco de estaño	6-7	10,8
PLATAS ROJAS					
- Proustita	Ag_3AsS_3	R	rojo vivo, se ennegrece con la luz	2-2 1/2	5,6
- Pirargirita	Ag_3SbS_3	R	pardo - reflejo rojo violáceo, se empaña	2-2 1/2	5,85
Pirostilpnita	Ag_3SbS_3	M	rojo profundo	2	5,9
PLATAS NEGRAS					
- Estefanita	Ag_5SbS_4	O	negro de hierro vivo	2-2 1/2	6,3
- Polibasita	$(Ag,Cu)_{16}Sb_2S_{11}$	M	gris negruzco	2-3	6,1
Nagyagita	$AuPb_5SbTe_3S_6$	Q	negro	1-1 1/2	7,4

8 - Sulfuros y sulfosales de semimetales

NOMBRE	SÍMBOLO	SIST. C.	COLOR	DUREZA	DENSIDAD
Estibina	Sb_2S_3	O	gris acero a gris plomizo	2	4,6
Kermesita	Sb_2S_2O	T	rojo carmín oscuro	1-1 1/2	4,5-4,6
Bismutinita	Bi_2S_3	O	gris plomizo a blanco plateado	2	6,8
Tetradimita	Bi_2Te_2S	H	gris plomizo	1 1/2	7,6
Rejalgar	AsS	M	rojo bermellón que pasa a anaranjado con la luz	1 1/2	3,5
Oropimente	As_2S_3	M	diversos amarillos	1 1/2-2	3,5

III - Haluros

Unos 150 minerales están compuestos y, en ocasiones, hidroxilados, por un halógeno (flúor F^-, cloro Cl^-, bromo Br^-, yodo I^-) y uno o varios metales. La cohesión cristalina se garantiza casi exclusivamente por uniones iónicas; como los aniones (F^-, Cl^-, I^-) son de tamaño equivalente a la mayor parte de los cationes (Na^+, K^+, Ca^{2+}), los apilamientos cristalinos suelen ser cúbicos. Por lo general las sales se disuelven fácilmente en agua, y provienen normalmente de lagunas desecadas en distintas épocas geológicas; por lo común, están poco coloreadas y la dureza Mohs es baja. Se clasifican en sales simples que sólo contienen un tipo de catión, sales dobles con dos tipos de cationes y sales hidroxiladas caracterizadas por la presencia de aniones $(OH)^-$.

Red de la halita
(sal gema)

1 - Sales simples

NOMBRE	SÍMBOLO	SIST. C.	COLOR	DUREZA	DENSIDAD
Villiaumita	NaF	C	rosa violáceo	2	2,8
Fluorita	CaF_2	C	incoloro y todos los colores	4	3,2
Halita (sal gema)	NaCl	C	incoloro, azul, blanco a pardo	2	2,2
Silvina («potasa»)	KCl	C	rojo, incoloro	2	2,0
Nantokita	CuCl	C	incoloro a gris	2-2 1/2	3,95
Cerargirita (clorargirita)	AgCl	C	gris que se empaña y pardea	2 1/2	5,5
Calomel	HgCl	Q	gris a amarillento, se empaña y pardea	1-2	6,5
Salmiac	NH_4Cl	C	incoloro a gris, pardusco	1-2	1,5
Yodirita (yodargirita)	AgI	H	amarillo pálido a verde	1 1/2	5,5/5,7

2 - Sales dobles

NOMBRE	SÍMBOLO	SIST. C.	COLOR	DUREZA	DENSIDAD
Criolita	$Na_3(AlF_6)$	M	incoloro - blanco nieve, pardusco - negro	2 1/2	3,0
Thomsenolita	$NaCa(AlF_6),H_2O$	C	incoloro, blanco	2	3,0
Pachnolita	$NaCa(AlF_6),H_2O$	M	incoloro	3	3,0
Ralstonita	$Al_2(F,OH)_6,H_2O$	C	incoloro a blanco	4 1/2	2,55

Sal gema (halita).

x 5

3 - Oxihalogenuros

NOMBRE	SÍMBOLO	SIST. C.	COLOR	DUREZA	DENSIDAD
Nadorita	$PbSbO_2Cl$	O	diversos pardos	3 a 4	7,0
Paralaurionita	$Pb(OH)Cl$	M	incoloro a blanco	2 a 3	6,0
Percilita	$CuPb(OH)_2Cl_2$	C	azul celeste	2 a 3	
Atacamita	$Cu_2(OH)_3Cl$	O	diversos verdes	3 a 3	3,8
Diaboleíta	$CuPb_2(OH)_4Cl_2$	Q	azul celeste	2 1/2	6,4
Cumengeíta	$Cu_4Pb_4(OH)_8Cl_8,H_2O$	Q	azul índigo	2 1/2	4,7
Boleíta	$Cu_{24}Pb_{26}Ag_9(OH)_{48}Cl_{62}$	Q pseudoC	azul rey	3-3 1/2	5,0
Connellita	$Cu_{19}(SO_4)(OH)_{32}Cl_4,4H_2O$	H	azul celeste a azul rey	3	3,4

IV - Óxidos e hidróxidos

Unos 350 minerales son compuestos oxigenados de metales y/o semimetales. Dado que los aniones de oxígeno O^{2-} y oxidrilos $(OH)^-$ son muy grandes en relación con los cationes, las estructuras cristalinas están esencialmente determinadas por el tipo de apilamiento de los aniones, en cuyas cavidades se ubican los cationes; por ello, la simetría cristalina es elevada. Los óxidos pueden agruparse en óxidos simples que sólo contienen un tipo de catión, óxidos múltiples que contienen al menos dos tipos de cationes (Fe^{++}/Fe^{+++}, Be^{++}/Al^{+++}, etc.) e hidróxidos caracterizados por la presencia de oxidrilo $(OH)^-$.

APILAMIENTOS COMPACTOS

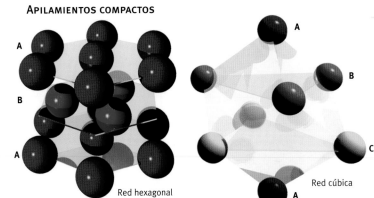

Red hexagonal

Red cúbica

1 - Óxidos simples

NOMBRE	SÍMBOLO	SIST. C.	COLOR	DUREZA	DENSIDAD
Cuprita (calcotriquita)	Cu_2O	C	rojo carmín, se empaña en negro	3 1/2-4	6,1
Masicote	PbO	O	amarillo limón	2	9,6
Cincita	ZnO	C	rojo anaranjado	4	5,7
Valentinita	Sb_2O_3	R	incoloro, blanco níveo	2 1/2-3	5,7
Senarmontita	Sb_2O_3	C	incoloro a gris	2-2 1/2	5,5
Bixbyita	$(Mn,Fe)_2O_3$	C	negro	6-6 1/2	5,0
Corindón	Al_2O_3	R	incoloro y todos los colores	9	4,0
Hematites (oligisto)	Fe_2O_3	R	gris negruzco brillante	5-6	5,2
Rutilo	TiO_2	Q	rojo (cabellos de Venus), diversos pardos con reflejos rojos	6-6 1/2	4,2
Anatasa	TiO_2	Q	pardo miel oscuro, azul oscuro	5 1/2-6	3,9
Brookita	TiO_2	O	amarillo pardusco a pardo rojizo anaranjado	5 1/2-6	4,1
Casiterita	SnO_2	Q	pardo claro a negro, amarillo, verdusco, a veces incoloro	6-7	7,0
Pirolusita (polianita)	MnO_2	Q	gris oscuro a negro (los cúmulos manchan los dedos)	6 a 2	5,0-5,2
Uraninita	UO_2	C	negro	5 1/2	8,0-10,0 a 6,5-8,5 (pecblendas)

x 1

Goethita.

2 - Óxidos múltiples

NOMBRE	SÍMBOLO	SIST. C.	COLOR	DUREZA	DENSIDAD
Espinela	$MgAl_2O_4$	C	todos los colores	8	3,65
→ →Gahnita	$ZnAl_2O_4$	C	verde azulado	7 1/2-8	3,62 -
→ →Disluita	= gahnita manganesífera				
→ → Franklinita	$ZnFe_2O_4$	C	negro	5 1/2-6 1/2	5,1-5,2 -
→ → Magnetita	$Fe^{++}Fe^{+++}_2O_4$	C	negro magnético	5 1/2-6 1/2	5,2
→ → Cromita	$FeCr_2O_4$	C	negro	5 1/2	4,4-5,1
Ilmenita	$Fe^{++}TiO_3$	R	negro	5 a 6	4,7
Crisoberilo	$BeAl_2O_4$	O	amarillo, verde/rojo	8 1/2	3,7
(cimofana)			(alejandrita), a veces tornasolado (ojo de gato)		
Kermesita	Sb_2S_2O	T	pardo rojizo	1 a 1 1/2	4,7
Perovskita	$CaTiO_3$	O pseudoC	pardo oscuro	5 1/2	4,0
Coronadita	$PbMn^{2+}Mn^{4+}_7O_{16}$	Q	gris claro vivo	6	5,0 -
Columbita	$(Fe,Mn)(Nb,Ta)_2O_6$	O	negro con reflejos rojos	6-6 1/2	5,2
→ →Tantalita	$(Fe,Mn)(Ta,Nb)_2O_6$	O	negro con reflejos rojos	6-6 1/2	7,9
Estibiconita	$Sb^{3+}Sb^{5+}_2(Ti,Nb,Ta)_2(O,OH)_7$				
		C	amarillo pálido	4-4 1/2	5,5
Fergusonita	$Y(NbO_4)$	O	pardo negruzco terroso	5 1/2-6	5,8 a 4,3
					(hidratada)
Pirocloro-Microlita	$(Na,Ca)_2(Nb,Ta,Ti)_2O_6(OH,F,O)$-$(Ca,Na)_2(Ta,Nb,Ti)_2O_6(OH,F,O)$				
		C	pardo negruzco a pardo verdoso	5-5 1/2	4,2-6,4
→ → Betafita	$(Ca,Na,U)_2(Ti,Nb,Ta)_2O_6OH$				
		C	negro verdoso	4	3,75-4,77
Euxenita	$(Y,Dy,Yb,Ca,Ce,U,Th)(Nb,Ta,Ti)_2O_6$				
		O	negro resinoso	6 1/2	5,9
→ → Policrasa	$(Y,Dy,Yb,Ca,Ce,U,Th)(Ti,Nb,Ta)_2O_6$				
		O	pardo amarillento claro	5 1/2	5,0
Samarskita	$(Y,Ce,U,Ca,Pb)(Nb,Ta,Ti,Sn)_2O_6$				
		O	pardo a negro terciopelo	5-6	5,6-5,8

3 - Hidróxidos

NOMBRE	SÍMBOLO	SIST. C.	COLOR	DUREZA	DENSIDAD
BAUXITAS:					
- Gibbsita	$Al(OH)_3$	M	gris	2 1/2-3 1/2	2,3-2,4
(Hidrargilita)					
- Diásporo	$AlO(OH)$	O	gris claro, violáceo,		
			pardo claro	6 1/2	3,4
Brucita	$Mg(OH)_2$	R	blanco grisáceo,	2 1/2	2,4
			azulado o verdoso		
Goethita	$FeO(OH)$	O	pardo oscuro a pardo		
(limonitas)			amarillento	5	4,3
Manganita	$MnO(OH)$	M pseudoQ	gris acero	4	4,3 -
(acerdesa)					
Romanequita	$BaMn^{2+}Mn^{4+}_8O_{16}(OH)_4$		pardo negruzco	5 a 7	3,3 a 4,7
(Psilomelana)					

V - Carbonatos, boratos y nitratos

Esta clase está integrada por minerales caracterizados por la presencia de un agrupamiento (XO_3), donde X representa un catión de diámetro muy pequeño en relación con el oxígeno O^{2-}: nitrógeno N^{5+} (nitratos), carbono C^{4+} (carbonatos), boro B^{3+} (boratos).

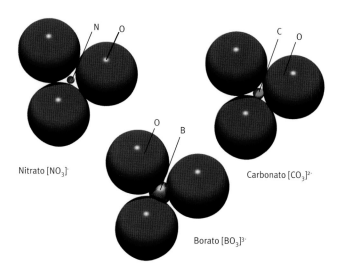

Nitrato $[NO_3]^-$

Carbonato $[CO_3]^{2-}$

Borato $[BO_3]^{3-}$

1 - Nitratos

El grupo de los nitratos está formado únicamente por una decena de minerales que se caracterizan por el radical $(NO_3)^-$. Solubles en agua, se manifiestan durante su evaporación en lugares húmedos, como algunas cuevas.

NOMBRE	SÍMBOLO	SIST. C.	COLOR	DUREZA	DENSIDAD
Nitro	$K(NO_3)$	O	eflorescencias grises	1 1/2-2	2,1
(salitre *stricto sensu*)					

2 - Carbonatos

Un centenar de minerales constituyen el agrupamiento plano $(CO_3)^{2-}$. Un gota de ácido suele provocar en él una efervescencia; su dureza Mohs apenas es superior a 5; su color está vinculado a la presencia de cobre, cobalto, cromo, etc.; pueden clasificarse según la presencia o la ausencia de hidroxilo de agua en su constitución.

Cristalitas de dolomita sobre calcita.

x 2

NOMBRE	SÍMBOLO	SIST. C.	COLOR	DUREZA	DENSIDAD
CARBONATOS ANHIDROS					
Magnesita (geobertita)	$Mg(CO_3)$	R	incoloro, blanco, amarillo, pardo	4 1/2-5	3,0
➤ ➤ Magnesita ferrífera (Mesitita - Breunnerita)	$(Mg,Fe)(CO_3)$				
Smithsonita	$Zn(CO_3)$	R	blanco, azul verdoso, amarillo pardusco	5	4,4
Siderita (siderosa)	$Fe(CO_3)$	R	pardo amarillento, gris	3 1/2-4	3,5-4,0 -
Rodocrosita (Dialogita)	$Mn(CO_3)$	R	rosa, blanco, amarillo	3 1/2-4	3,7
Calcita	$Ca(CO_3)$	R	blanco, todos los colores	3	2,7
Dolomita	$Ca(Mg,Fe,Mn)(CO_3)_2$	R	incoloro, amarillo pardusco, rosa	3 1/2-4	2,9
➤ ➤ Ankerita $Ca(Fe,Mg,Mn)(CO_3)$		R	pardo	3 1/2	2,9 a 3,1
Aragonito	$Ca(CO_3)$	O	incoloro, todos los colores	3 1/2-4	3,0
Estroncianita	$Sr(CO_3)$	O	incoloro, amarillento, verdoso	3 1/2-4	3,7
Witherita	$Ba(CO_3)$	O	blanco, amarillento	3-3 1/2	4,3
Cerusita	$Pb(CO_3)$	O	incoloro, gris, amarillento	3	6,5
CARBONATOS HIDROXILADOS O HALOGENADOS ANHIDROS					
Azurita (chesilita)	$Cu_3(OH)_2(CO_3)_2$	M	azules	3 1/2-4	3,8
Malaquita	$Cu_2(OH)_2(CO_3)$	M	verdes	3 1/2-4	4,0
Rosasita	$(Zn,Cu)_2(OH)_2(CO_3)$	M	verdes azulados	4 1/2	4,0/4,2
Hidrocincita	$Zn_5(OH)_6(CO_3)_2$	M	gris blanquecino, amarillento	2 1/2	3,8
Hidrocerusita	$Pb_3(OH)_2(CO_3)_2$	H	incoloro, nacarado	3 1/2	6,8
Auricalcita	$(Zn,Cu)_5(OH)_6(CO_3)_2$	O	azul a verde pálido	1 1/2	3,6/4,2
Dawsonita	$NaAl(OH)_2(CO_3)$	O	blanco	3	2,4
Bastnasita	$(Ce,La)F(CO_3)$	H	amarillo a pardo, graso	4	5,0
Fosgenita	$Pb_2Cl_2(CO_3)$	Q	incoloro, amarillento	2 1/2	6,1
CARBONATOS HIDRATADOS					
Natrón	$Na_2(CO_3),10H_2O$	M	blanco eflorescencia rápida al aire	1 1/2	1,5
Weloganita	$^-Sr_3Na_2Z_r(CO_3)_6,3H_2O$	Tpseudo O	incoloro, amarillo, verde, azul	3 1/2	3,2
CARBONATOS HIDROXILADOS HIDRATADOS					
Hidromagnesita $Mg_5(OH)_2(CO_3)_4,4H_2O$		M	blanco	3 1/2	2,2
Hidrotalcita $Mg_6Al_2(OH)_{16}(CO_3),4H_2O$		H	blanco nacarado	2	2,1
Piroaurita $Mg_6Fe^{3+}_2(OH)_{16}(CO_3),4H_2O$		H	blanco nacarado	2 1/2	2,1
Stictita $Mg_6Cr_2(OH)_{16}(CO_3),4H_2O$		R	violeta	1 1/2	2,2

3 - Boratos

Un centenar de minerales, bastante blandos y poco densos, están constituidos por agrupamientos planos $(BO_3)^{3-}$ (el catión B^{3+} está situado en la cavidad formada por tres aniones de O^{2-} que mantiene unidos) o/y agrupamientos tetraédricos $(BO_4)^{5-}$ (el catión B^{3+} se sitúa en la cavidad formada por cuatro aniones O^{2-} que mantiene unidos) vinculados a cationes. Su clasificación se basa en la independencia de dichos agrupamientos o su asociación de dos en dos o más.

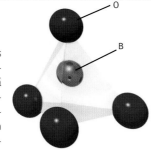

Nesoboratos $[BO_4]^{5-}$

NESOBORATOS. Agrupamientos $(BO3)3-$ o $(BO4)5-$ aislados

NOMBRE	SÍMBOLO	SIST. C.	COLOR	DUREZA	DENSIDAD
Ascarita (*Szaibelita*)	$Mg(BO_2OH)$	O	amarillo, blanco	2 1/2	2,7
Sussexita	$Mn(BO_2OH)$	O	rosa	3	3,1
Sinhalita (estructura de peridoto)	$MgAl(BO_4)$	O	pardo	6 1/2	3,5

SOROBORATOS. Asociación de un número limitado de agrupamientos (BO_3) y (BO_4)

- Grupo (B_2O_7) formado por dos (BO_4) unidos por un oxígeno común, consolidado por dos (BO_3) que están sujetos a él cada uno por dos oxígenos comunes, de ahí un grupo $(B_4O_9)^{6-}$; algunos O^{2-} pueden ser sustituidos por $(OH)^-$

NOMBRE	SÍMBOLO	SIST. C.	COLOR	DUREZA	DENSIDAD
Bórax	$Na_2\{B^{IV}_2B^{III}_2O_5(OH)_4\},8H_2O$	M	blanco	2	1,7

- Grupo (B_5O_{12}) constituido por tres (BO_4) unidos por dos oxígenos comunes, consolidado por dos (BO_3) que están sujetos a él cada uno por dos oxígenos comunes, de ahí $(B_5O_{12})^{9-}$; algunos O^{2-} pueden estar sustituidos por OH^-.

NOMBRE	SÍMBOLO	SIST. C.	COLOR	DUREZA	DENSIDAD
Ulexita («piedra televisión»)	$NaCa\{B^{IV}_3B^{III}_2O_6(OH)_6\},5H_2O$	T	incoloro	2 1/2	2,0

INOBORATOS. Cadenas de agrupamientos (BO_3) y (BO_4)

NOMBRE	SÍMBOLO	SIST. C.	COLOR	DUREZA	DENSIDAD
Colemanita	$Ca\{B^{IV}_2B^{III}O_4(OH)_3\},H_2O$	M	incoloro	4 1/2	2,4

El motivo de la cadena de colemanita está constituido por un grupo (B_2O_7) –véase arriba– al que está sujeto un (BO_3) por dos oxígenos comunes, en el cual tres oxígenos O^{2-} están sustituidos por oxidrilos OH^-. Los motivos $\{B_3O_5(OH)_3\}$ están unidos entre sí por un oxígeno común y la fórmula química de la cadena es $\{B_3O_4(OH)_3\}^{5-}$. Las cadenas están sostenidas por cationes Ca^{++}.

TECTOBORATOS. Asociación tridimensional de agrupamientos (BO_3) y (BO_4)

NOMBRE	SÍMBOLO	SIST. C.	COLOR	DUREZA	DENSIDAD
Hambergita	$Be_2\{(OH)/BO_3\}$	O	incoloro	7 1/2	2,4
Rhodizita $Na(Cs,K,Rb)Al_4Li_4Be_3B_{10}O_{27}$		C	blanco grisáceo	8	3,4
Boracita	$Mg_3Cl\,B_7O_{13}$	C	incoloro, gris	7	2,9

SOROBORATOS

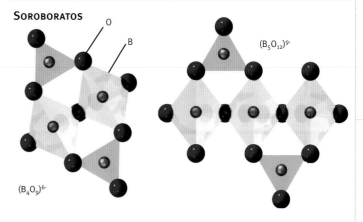

$(B_4O_9)^{6-}$

$(B_5O_{12})^{9-}$

VI - Sulfatos, cromatos, teluratos, molibdatos y wolframatos

Esta clase está formada por minerales que contienen radicales $(XO_4)^2$, donde X representa un catión sexavalente de pequeño diámetro en relación con el anión de oxígeno O^{2-}: azufre S^{6+} (sulfatos), cromo Cr^{6+} (cromatos), telurio Te^{6+} (teluratos), molibdeno Mo^{6+} (molibdatos) o wolframio W^{6+} (wolframatos).

Geoda de celestina.

x I

I - Sulfatos

Unos 250 minerales constituyen los sulfatos, bastante blandos y poco densos, caracterizados por la presencia de radicales $(SO_4)^{2-}$, clasificados según la presencia o la ausencia de oxidrilos $(OH)^-$ y de agua H_2O en su constitución.

NOMBRE	SÍMBOLO	SIST. C.	COLOR	DUREZA	DENSIDAD
SULFATOS ANHIDROS					
Thenardita	$Na_2(SO_4)$	O	blanco a pardusco	2 1/2	2,7
Glauberita	$CaNa_2(SO_4)_2$	M	gris, amarillo pálido, rojo ladrillo	2 1/2-3	2,7-2,9
Anhidrita	$Ca(SO_4)$	O	blanco, azulado, pardo rojizo pálido	3-3 1/2	2,9-3,0
Celestina	$Sr(SO_4)$	O	azul celeste pálido, incoloro	3-3 1/2	4,0
Baritina	$Ba(SO_4)$	O	blanco, amarillo, pardo-rojo, verde y azul pálido	3-3 1/2	4,3-4,6
Anglesita	$Pb(SO_4)$	O	incoloro, amarillo a verde pálidos	2 1/2-3	6,3-6,4
SULFATOS ANHIDROS HIDROXILADOS					
Brocantita	$Cu_4(OH)_6(SO_4)$	M	verdes	3 1/2-4	4,0
Linarita	$PbCu(OH)_2(SO_4)$	M	azul rey	2 1/2	5,4
Beudantita	$PbFe_3(OH)_6(AsO_4)(SO_4)$	R	amarillo, pardo con reflejo rojo y verde	4	4,3
Jarosita	$KFe_3(OH)_6(SO_4)_2$	R	ocre, amarillo, pardo	2 1/2-3 1/2	3,1-3,3
Caledonita	$Pb_5Cu_2(OH)_6(CO_3)_2(SO_4)_3$	O	verde azulado	2 1/2-3	6,4
Leadhillita	$Pb_4(OH)_2(CO_3)_2(SO_4)$	M	blanco, amarillo, verde nacarado	2 1/2	6,3-6,4
SULFATOS HIDRATADOS					
Calcantita	$Cu(SO_4),5H_2O$	T	azules	2 1/2	2,1-2,3
Krohnkita	$Na_2Cu(SO_4)2,2H_2O$	M	azul celeste	2 1/2	2,1
Yeso (alabastro)	$Ca(SO_4),2H_2O$	M	incoloro, blanco, amarillo pardusco pálido	2	2,3
SULFATOS HIDROXILADOS HIDRATADOS					
Fibroferrita	$Fe^{3+}(OH)(SO_4),5H_2O$	O	amarillo muy pálido	2-2 1/2	1,9
Langita	$Cu_4(OH)_6(SO_4),H_2O$	O	azul verdoso, azul	2 1/2-3	3,5
Cianotriquita (lettsomita)	$Cu_4Al_2(OH)_{12}(SO_4),2H_2O$	O	azul vivo	3	2,7-2,8
Espangolita	$Cu_6Al(OH)_{12}Cl(SO_4),3H_2O$	R	azul verdoso, verde	2 1/2	3,1
Serpierita	$Ca(Cu,Zn)_4(OH)_6(SO_4)_2,3H_2O$	H	amarillo anaranjado verdoso	3	2,7-2,8

2 - Teluratos

Los teluratos son muy raros y sólo contienen tres especies minerales.

3 - Cromatos

Una quincena de minerales contienen radicales $(CrO_4)^{2-}$.

NOMBRE	SÍMBOLO	SIST. C.	COLOR	DUREZA	DENSIDAD
Crocoíta	$Pb(CrO_4)$	M	anaranjado a rojo bermellón	2 1/2-3	6,0

4 - Wolframatos

Media docena de minerales pertenecen al grupo de los wolframatos, que se caracterizan por el radical $(WO_4)^{2-}$, y son importantes.

NOMBRE	SÍMBOLO	SIST. C.	COLOR	DUREZA	DENSIDAD
Scheelita	$Ca(WO_4)$	Q	incoloro, amarillo pardusco pálido, a veces verdoso	4 1/2-5	5,9-6,1
WOLFRAMITA:					
- Ferberita	$Fe(WO_4)$	M	negro tinta	4 1/2	7,5
⇢ ⇢ Hubnerita	$Mn(WO_4)$	M	gris de hierro, pardo oscuro	4 1/2	7,1
Stolzita	$Pb(WO_4)$	Q	pardo rojizo, anaranjado	3	7,9-8,1

Wulfenita.

5 - Molibdatos

Una quincena de minerales forman el grupo de los molibdatos, de los cuales el único que está bastante extendido es la wulfenita.

NOMBRE	SÍMBOLO	SIST. C.	COLOR	DUREZA	DENSIDAD
Powellita	$Ca(MoO_4)$	Q	amarillo vivo, pardo, verdoso	3 1/2	4,4
Wulfenita (melinosa)	$Pb(MoO_4)$	Q	amarillo anaranjado, pardo amarillento, rojo, a veces verde oliva	2 1/2-3	6,7-7,0

VII - Fosfatos, arseniatos y vanadatos

Constituyen esta categoría unos 400 minerales de poca dureza Mohs (inferior a 6) que contienen radicales $(XO_4)^{3+}$, donde X representa un catión pentavalente de pequeño diámetro respecto del anión de oxígeno O^{2-}, fósforo P^{5+} (fosfatos), arsénico As^{5+} (arseniatos), vanadio V^{5+} (vanadatos). Se clasifican en función de la presencia o la ausencia de oxidrilo $(OH)^-$ y agua H_2O en su composición. También se suelen agrupar aparte todos los fosfatos y vanadatos uraníferos.

I - Anhidros

NOMBRE	SÍMBOLO	SIST. C.	COLOR	DUREZA	DENSIDAD
Trifilita	$Li(Fe,Mn)(PO_4)$	O	gris azulado, gris verdoso	4 1/2-5	3,4-3,6
⇢ ⇢ Litiofilita	$Li(Mn,Fe)(PO_4)$	O	rosa salmón, pardo	4 1/2-5	3,4-3,6
Monazita	$Ce,La,Y,Th(PO_4)$	M	pardo rojizo, pardo amarillento	5-5 1/2	5,0-5,5

2 - Anhidros hidroxilados o halogenados

NOMBRE	SÍMBOLO	SIST. C.	COLOR	DUREZA	DENSIDAD
FOSFATOS HIDROXILADOS O HALOGENADOS					
Brasilianita	$NaAl_3(OH)(PO_4)_2$	M	amarillo verdusco	5 1/2	3,0
Ambligonita	$(Li,Na)Al(F,OH)(PO_4)$	T	incoloro a amarillo pálido, y azul y verde pálido	6	3,1
⇢ ⇢ Montebrasita	$(Li,Na)Al(OH,F)(PO_4)$				
Apatitos	$Ca_5(F,Cl,OH)(PO_4)_3$	H	todos los colores	5	3,1-3,2
Herderita	$CaBe(OH,F)(PO_4)$	M	gris blanquecino amarillento	5	2,8-3,0
Libetenita	$Cu(OH)(PO_4)$	O	verde oliva oscuro	4	3,6-3,8
Cornetita	$Cu_3(OH)_3(PO_4)$	O	azul cobalto	4-5	4,1
Seudomalaquita	$Cu_5(OH)_4(PO_4)_2$	M	verde	4 1/2-5	4,0-4,3
Lazulita	$(Mg,Fe)Al_2(OH)_2(PO_4)$	M	azul celeste a azul rey	5 1/2-6	3,1
⇢ ⇢ Scorzalita	$(Fe^{2+},Mg)Al_2(OH)_2(PO_4)_2$	M	azul oscuro	5 1/2-6	3,1
Vauquelinita	$(Pb,Cu)_3(OH)(CrO_4)(PO_4)$	M	verde a pardo	2 1/2	6,0
Piromorfita	$Pb_5Cl(PO_4)$	H	amarillo, pardo, verde, resinoso	3 1/2-4	6,5-7,1
⇢ ⇢ Mimetita (campilita)	$Pb_5Cl(AsO_4)$	H	amarillo, naranja, rojo	3 1/2-4	7,1-7,2

Arseniatos hidroxilados

NOMBRE	SÍMBOLO	SIST. C.	COLOR	DUREZA	DENSIDAD
Conicalcita	$CaCu(OH)(AsO_4)$	O	verde pistacho, verde esmeralda	4 1/2	4,1
Olivenita	$(Cu,Zn)_2(OH)(AsO_4)$	O	verdes (oliva, puerro, pistacho, oscuro)	3	4-4,4
→ → *Adamita* $(Zn,Cu)_2(OH)(AsO_4)$		O	amarillo miel, violeta, verde, incoloro	3 1/2	4,4

Vanadatos hidroxilados o halogenados

NOMBRE	SÍMBOLO	SIST. C.	COLOR	DUREZA	DENSIDAD
Descloizita $(Zn,Cu)Pb(OH)(VO_4)$		O	pardo rojizo oscuro a amarillo anaranjado	3 1/2	5,9-6,2
→ → *Mottramita* $(Cu,Zn)Pb(OH)(VO_4)$		O	verde amarillento a verde oscuro	3 1/2	5,9-6,2
Clinoclasa	$Cu_3(OH)_3(AsO_4)$	M	verde oscuro resinoso	2 1/2-3	4,2-4,4
Vanadinita	$Pb_5Cl(VO_4)_3$	H	rojo a amarillo rojo, naranja, pardo	2 1/2-3	6,7-7,1

3 - Hidratados

NOMBRE	SÍMBOLO	SIST. C.	COLOR	DUREZA	DENSIDAD
FOSFATOS HIDRATADOS					
Variscita (utahlita)	$Al(PO_4),2H_2O$	O	verde manzana	4	2,5
→ → *Strengita*	$Fe^{3+}(PO_4),2H_2O$	O	verde, rosa	3 1/2-4	2,3
Vivianita	$Fe_3(PO_4)_2,8H_2O$	M	incoloro que se oxida en azul, verde y negro	1 1/2-2	2,6
Ludlamita	$(Fe,Mg,Mn)_3(PO_4),4H_2O$	M	verde	3 1/2	3,7
Hureaulita $(Mn,Fe)_5[PO_2(OH)_2](PO_4)_3,4H_2O$		M	rosa, amarillento, pardo	5	3,2
Hopeíta	$Zn_3(PO_4)_2,2H_2O$	O	incoloro, gris	3 1/2	3,0
Fosfofilita	$Zn_2(Fe,Mn)(PO_4)_2,4H_2O$	M	incoloro a azul verdoso pálido	3	3,1

Vanadinita.

Arseniatos hidratados

NOMBRE	SÍMBOLO	SIST. C.	COLOR	DUREZA	DENSIDAD
Escorodita	$Fe(AsO_4),2H_2O$	O	verdes más o menos oscuros a pardo	3 1/2	3,3
Eritrita	$Co_3(AsO_4)_2,8H_2O$	M	rosa purpúreo a rosa melocotón	2	3,0
→ → *Annabergita* $Ni_3(AsO_4)_2,8H_2O$		M	verde manzana	2 1/2-3	3,0
Roselita	$Ca_2Co(AsO_4)_2,2H_2O$	M	rosa a púrpura	3 1/2	3,5-3,6
Sainfeldita $Ca_5[AsO_2(OH)_2](AsO_4)_3,4H_2O$		M	rosa, incoloro	3 1/2	3,7

Vanadatos hidratados

NOMBRE	SÍMBOLO	SIST. C.	COLOR	DUREZA	DENSIDAD
Cafarsita $Ca(Ti,Fe^{2+},Fe^{3+},Mn)_{6-7}(As^{3+}O_3)_{12},4H_2O$		C	pardo negruzco	6	3,8

4 - Hidratados hidroxilados

NOMBRE	SÍMBOLO	SIST. C.	COLOR	DUREZA	DENSIDAD
FOSFATOS HIDROXILADOS E HIDRATADOS					
Arseniosiderita $Ca_3Fe^{3+}_4(OH)_6(AsO_4)_4,3H_2O$		M	pardo amarillento	1 1/2	3,5-3,9
Goyazita	$SrAl_3(OH)_5(PO_4)_2,H_2O$	R	incoloro	4 1/2	3,2-3,3
Wavellita	$Al_3(OH)_3(PO_4)_2,5H_2O$	O	gris a verde amarillento	3 1/2-4	2,4
Cacoxenita	$Fe_4(OH)_3(PO_4)_3,12H_2O$	H	amarillo dorado, pardo	3 1/2	3,4
Childrenita	$(Fe,Mn)Al(OH)(PO_4),H_2O$	O	amarillo pardusco resinoso	4 1/2-5	3,2-3,3
Turquesa	$CuAl_6(OH)_8(PO_4)_4,4H_2O$	T	azul a verde	5-6	2,6-2,8
ARSENIATOS HIDROXILADOS E HIDRATADOS					
Farmacosiderita $KFe^{3+}_4(OH)_4(AsO_4)_3,6-7H_2O$		C	amarillo, verde, pardo	2 1/2	2,9-3,0
Farmacolita	$Ca[AsO_3(OH)],2H_2O$	M	incoloro, gris	2-2 1/2	2,7
Picrofarmacolita $Ca_4Mg\{[AsO_3(OH)]_2(AsO_4)_2\},11H_2O$		T	blanco	2	2,6
Tirolita $CaCu_5(OH)_4(CO_3)(AsO_4)_2,6H_2O$		O	verde pálido a azul	1-1 1/2	3,1
Eucroíta	$Cu_2(OH)(AsO_4),3H_2O$	O	verde oscuro	3 1/2-4	3,4
Liroconita	$Cu_2Al(OH)_4(AsO_4),4H_2O$	M	azul a cardenillo	2-2 1/2	2,9-3,0
Calcofilita $Cu_{18}Al_2(OH)_{27}(SO_4)_3(AsO_4)_3,33H_2O$		R	verde hierba	2	2,4-2,7
Legrandita	$Zn_2(OH)(AsO_4),H_2O$	M	amarillo a anaranjado	4 1/2	4,0
Mixita $Cu_6[(Bi^{3+},Fe^{3+})(OH)_6](AsO_4)_3,3H_2O$		H	verde a blanco	3-4	3,8

5 - Fosfatos y vanadatos uraníferos

NOMBRE	SÍMBOLO	SIST. C.	COLOR	DUREZA	DENSIDAD
Torbernita (Calcolita)	$Cu(UO_2)_2(PO_4)_2,8-10H_2O$	Q	verde amarillento, verde oscuro	2-2 1/2	3,2-3,6
Autunita	$Ca(UO_2)_2(PO4)_2,10-12H_2O$	Q	amarillo limón a amarillo verdoso	2-2 1/2	3,1
Renardita (dewindtita)	$Pb(UO_2)_4(OH)_4(PO_4)_2,7H_2O$	O	amarillo canario	3 1/2	4,1
Novacekita	$Mg(UO_2)_2(AsO_4)_2,10H_2O$	Q	amarillo	2-2 1/2	3,2
Francevillita $(Ba,Pb)(UO_2)_2(VO_4)_2,5H_2O$		O	verde oliva, amarillo anaranjado	3 1/2	4,4
Vanularita	$Al(UO_2)_2(OH)(VO_4)_2,11H_2O$	M	amarillo limón	2	3,6

VIII - Silicatos

Unos 600 minerales se caracterizan por la presencia de agrupamientos tetraédricos (SiO_4). Su clasificación se basa en la independencia o el tipo de asociación de dichos agrupamientos, lo cual también explica las distintas facies cristalinas.

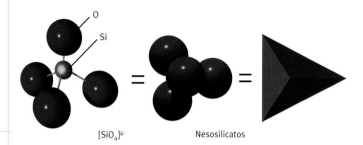

$[SiO_4]^{4-}$ Nesosilicatos

I - Nesosilicatos

La clase de los nesosilicatos (del griego *nesos*, 'isla') abarca unos 120 minerales que contienen radicales $(SiO_4)^{4-}$ independientes. Dado el tamaño del anión de oxígeno O^{2-} en comparación con el de los cationes, es principalmente el tipo de apilamiento de los aniones de oxígeno lo que determina la estructura, que suele presentar una gran simetría. Los nesosilicatos son más bien densos, duros y de brillo bastante vivo.

NESOSILICATOS *STRICTO SENSU*

Los agrupamientos $(SiO_4)^{4-}$ están unidos por cationes, que, según su diámetro, se rodean de cuatro, seis u ocho oxígenos procedentes de distintos grupos (SiO_4), lo cual permite distinguir varios grupos entre estos minerales.

a-Catión tetracoordinado (rodeado de cuatro oxígenos)

NOMBRE	SÍMBOLO	SIST. C.	COLOR	DUREZA	DENSIDAD
Fenacina	$Be_2(SiO_4)$	R	incoloro	7 1/2-8	3,0

Andalucita.

b-Catión hexacoordinado (rodeado de seis oxígenos)

NOMBRE	SÍMBOLO	SIST. C.	COLOR	DUREZA	DENSIDAD
PERIDOTO (OLIVINO, CRISOLITA):					
→ → Fayalita	$Fe^{2+}_2(SiO_4)$	O	negro		
→ → Forsterita	$Mg_2(SiO_4)$	O	verde	6 1/2-7	3,3
→ → *Tefroíta*	$Mn_2(SiO_4)$	O	rojo carne a gris ceniza	6	4,1
Wilemita	$Zn_2(SiO_4)$	R	incoloro, amarillo verdoso, verde manzana, rojo carne, gris, pardo amarillento, pardo oscuro	5 1/2	3,9-4,2

c-Cationes hexa- y octocoordinados (rodeados por seis y ocho oxígenos)

NOMBRE	SÍMBOLO	SIST. C.	COLOR	DUREZA	DENSIDAD
GRANATES $M^{2+}_3M^{3+}_2(SiO_4)$					
- Almandina M^{2+} = Fe; M^{3+} = Al			rojo ladrillo	7	4,25
→ → Piropo (no ilustrado) M^{2+} = Mg; M^{3+} = Al					
		C	rojo fuego	7 -7 1/2	3,5
→ → Espesartita M^{2+} = Mn; M^{3+} = Al					
		C	rojo anaranjado	7-7 1/2	4,2
- Grosularia M^{2+} = Ca M^{3+} = Al					
		C	todos los colores, excepto azul	6 1/2	3,53
→ → → (Hessonita= grosularia dopada con hierro) amarillo anaranjado					
→ → Andradita - M^{2+} = Ca; M^{3+} = Fe				7	3,75
→ → Demantoide (andradita dopada con cromo)			verde		
→ → Melanita (andradita negra)					
→ → Uvarovita M^{2+} = Ca; M^{3+} = Cr - C			verde	7	3,77
Circón	$Zr(SiO_4)$	Q	incoloro, amarillo	7 1/2	4,7
→ Circón metamicto (Zr,Th)(SiO_4): red desorganizada que se torna seudoamorfa			verde, rojo, pardo	7	4,0
Eulitita	$Bi_4(SO_4)_3$	C	pardo oscuro, gris, amarillo paja, incoloro	4 1/2	6,1

NESOSUBSILICATOS

Los radicales $(SiO_4)^{4-}$ están acompañados por aniones (O^{2-}, $[OH]^-$, F^-). Como en la clase anterior, los minerales se clasifican según la coordinación de sus cationes; se consideran por separado los minerales de esta clase que contienen cationes de boro (B^{3+}) y los uraníferos.

a-Cationes tetracoordinados

NOMBRE	SÍMBOLO	SIST. C.	COLOR	DUREZA	DENSIDAD
Euclasa	$AlBe[(OH)(SiO_4)]$	M	incoloro, azul, verde	7 1/2	3,1
Topacios	$Al[(F,OH)_2(SiO_4)]$	O	incoloro, amarillo, azul, rosa, a veces verdoso	8 (oxidrilado)	3,4 a 3,52 y 3,6 (fluorado)

b-Silicatos de alúmina de metamorfismo

NOMBRE	SÍMBOLO	SIST. C.	COLOR	DUREZA	DENSIDAD
(Las indicaciones Al^{VI}, Al^V, Al^{IV} señalan el número [6, 5 o 4] de aniones O^{2-} que rodean Al^{3+}.)					
Sillimanita (fibrolita)	$Al^{VI}Al^{IV}[(O)(SiO_4)]$	O	blanco a pardo, verde, azul (fibrolita)	6-7	3,3
Andalucita	$Al^{VI}A^V[(O)(SiO_4)]$	O	blanco, verde, rosa, marrón	7 1/2	3,2
→ Quiastolita: andalucita con inclusiones carbonosas dispuestas en cruz en la sección cuadrada del prisma					
Cianita $Al^{VI}Al^{VI}[(O)(SiO_4)]$ (distena, ryanita)		T	azul, incoloro	5 a 7 (según el sentido)	3,5 a 3,7

c-Cationes hexacoordinados

NOMBRE	SÍMBOLO	SIST. C.	COLOR	DUREZA	DENSIDAD
Estaurolita $(Fe,Mn,Zn)_2Al_9\{[O_3(O,OH)(SiO_4)_2]\}_2$		M	pardo	7-7 1/2	3,7
→ «Crucecita de Bretaña»= macla en cruz latina; macla en cruz de San Andrés					
Condrodita $Mg(OH,F)_2[Mg_2(SiO_4)]_2$		M	amarillento a pardusco	6-6 1/2	3,2
Esfena $CaTi[(O)(SiO_4)]$ (titanita)		M	amarillo, verde, negro adamantinos	5-5 1/2	3,52
Cloritoide $Fe^{2+}_2AlAl_3[(OH)_4O_2(SiO_4)_2]$		M	verde oscuro	6 1/2	3,5-3,6

d-Nesosubsilicatos boríferos

NOMBRE	SÍMBOLO	SIST. C.	COLOR	DUREZA	DENSIDAD
Datolita	$CaB^{IV}[(OH)(SiO_4)]$	M	blanco, incoloro, amarillo, verde	3-5 1/2	2,8-3,0
Grandidierita	$(Mg,Fe)Al_3[(O)(BO_4)(SiO_4)]$				
		O	verde azulado	7 1/2	3,0
Dumortierita	$(Al,Fe)_7[(O)_3(BO)(SiO_4)_3]$				
		O	azul, azul verdoso, rosa	7	3,3

e-Nesosubsilicatos uraníferos

NOMBRE	SÍMBOLO	SIST. C.	COLOR	DUREZA	DENSIDAD
Kasolita	$Pb[(UO_2)(SiO_4)],H_2O$	M	ocre a naranja, brillo graso	4-5	5,9
Cuprosklodowskita	$Cu[(UO_2)(SiO_3OH)]_2,6H_2O$				
		T	verdes	4	3,85
Uranofana (uranotilo)	$Ca\{(UO_2)[SiO_3(OH)]\}_2,5H_2O$	M	amarillo	3	3,7

2 - Sorosilicatos

$[Si_2O_7]^{6-}$
Sorosilicatos

La clase de los sorosilicatos (del griego *sóros*, 'montón') está integrada por 85 minerales que contienen radicales $(Si_2O_7)^{6-}$ constituidos por dos agrupamientos (SiO_4) asociados por un oxígeno común. Se pueden distinguir los minerales que sólo contienen radicales $(Si_2O_7)^{6-}$ y los que contienen además radicales $(SiO_4)^{4-}$. Las características físicas de los sorosilicatos son similares a las de los nesosilicatos.

MINERALES QUE SÓLO CONTIENEN (Si_2O_7)

NOMBRE	SÍMBOLO	SIST. C.	COLOR	DUREZA	DENSIDAD
Lawsonita	$CaAl_2\{(OH)_2(Si_2O_7)\},H_2O$				
		O	incoloro a azulado	7 1/2	3,1
Ilvaíta	$CaFe^{2+}_2Fe^{3+}[(OH)(O)(Si_2O_7)]$				
		O	negro	5 1/2-6	3,8-4,1
Hemimorfita (calamina)		O	incoloro, verde, azul, amarillo pardusco pálidos	4 1/2-5	3,4
Bertrandita	$Be_4\{(OH)_2(Si_2O_7)]$	O	incoloro	6 1/2-7	2,6
Astrofilita	$(K,Na)_3(Ca,Fe^{2+},Mn)_7(Ti,Nb,Zr)_2\{(OH,F)_3(Si_2O_7)_2[Si_2O_5(OH)_2]_2\}$				
		T	pardo dorado, pardo rojizo	3-3	3,3

MINERALES QUE CONTIENEN (Si_2O_7) Y (SiO_4)

NOMBRE	SÍMBOLO	SIST. C.	COLOR	DUREZA	DENSIDAD
Epidota	$Ca_2(Fe^{3+},Al)Al_2\{(O)(OH)(SiO_4)(Si_2O_7)\}$				
		M	verdes	6	3,4-3,5
Piemontita	$Ca_2(Mn^{3+},Fe^{3+},Al)_2Al\{(O)(OH)SiO_4)(Si_2O_7)\}$				
		M	violeta		
Allanita	$(Ca,Ce,Y)(Fe^{2+},Fe^{3+})Al_2\{(O)(OH)(SiO_4)(Si_2O_7)\}$				
		M	negro resinoso		
Zoisita	$Ca_2Al_3\{(O)(OH)(SiO_4)(Si_2O_7)\}$				
		O	gris, verde, amarillo, rosa (tulita), azul (tanzanita)	6	3,2-3,35
Ardennita	$Mn^{2+}_4Mn^{3+}Al_5\{(O)_2(OH)_2[(V,As)O_4](SiO_4)(Si_2O_7)_2\}$				
		O	amarillos	6-7	3,6
Vesubianita (idocrasa)	$Ca_{10}(Mg,Fe)_2Al_4\{(OH)_4(SiO_4)_5(Si_2O_7)_2\}$				
		Q	verde a pardo, verde (californita), a veces rosa, o pardo amarillento (xantita), o azul (ciprina)	6 1/2	3,35 a 3,45

3 - Ciclosilicatos

Los ciclosilicatos (del griego *kyklos*, 'círculo') contienen anillos formados por elementos tetraédricos (SiO_4) unidos por oxígenos comunes en una cadena cerrada; estos 50 minerales están repartidos en varias subclases según el número de elementos constitutivos del radical en forma de anillo. Los radicales en forma de anillo se apilan los unos sobre los otros, lo cual produce columnas estructurales de escala atómica; como resultado se obtienen facies prismáticas macroscópicas características de esta clase de minerales (atención, los prismas muy cortos adoptan un aspecto tabular). Los ciclosilicatos son bastante densos, de una dureza Mohs a menudo elevada y brillo bastante vivo.

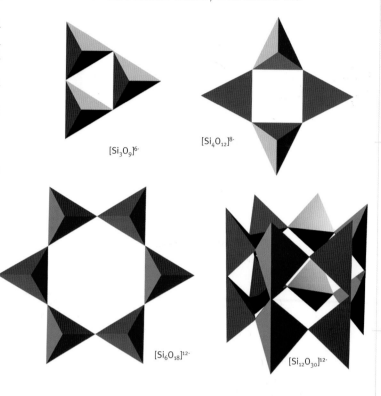

$[Si_3O_9]^{6-}$

$[Si_4O_{12}]^{8-}$

$[Si_6O_{18}]^{12-}$

$[Si_{12}O_{30}]^{12-}$

Turmalina rubelita.

x 3

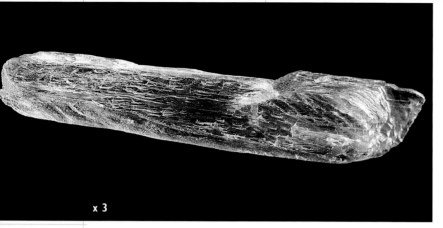

x 3

Espodumena rosa.

Anillo simple constituido por tres (SiO₄)

El radical característico de este grupo es $(Si_3O_6)^{6-}$.

Benitoita	BaTi(Si₃O₉)	H	azul	6 1/2	3,7
Eudialita (Na,Ca,Fe)₆Zr[(OH,Cl)(Si₃O₉)₂]					
(eucolita)		R	rosa a pardo anaranjado	5 1/2	3,0

Anillo simple constituido por cuatro (SiO₄)

El radical característico de este grupo es $(Si_4O_{12})^{8-}$.

Axinita Ca₂(Fe,Mn)Al₂[(OH)(BO₃)(Si₄O₁₂)]					
		T	anaranjado a violeta oscuro	6 1/2-7	3,3
Neptunita*KNa₂Li(Fe²⁺,Mn)₂Ti₂(Si₄O₁₂)₂					
		M	negro	5-6	3,2-3,3

* considerada en ocasiones un inosilicato.

Anillo simple constituido por seis (SiO₄)

El radical característico de este grupo es $(Si_6O_{18})^{12-}$.

Berilo	Al₂Be(Si₆O₁₈)	H	todos los colores	7 1/2-8	2,7
(aguamarina; esmeralda)					

  – azul verdoso= aguamarina (dopado con Fe)

  – verde= esmeralda (dopado con Cr o/y V)

  – amarillo= heliodoro (dopado con Fe)

  – rosa= morganita (dopado con Mn)

Cordierita	Mg₂Al₃(AlSi₅O₁₈)	O	azul pleocroico	7-7 1/2	2,6
(iolita, dicroíta)					
Turmalinas M'M"₃Al₆{(OH)₄(BO₃)₃(Si₆O₁₈)},					
		R		7-7 1/2	3,0-3,2

  → → Elbaíta   M' = Na; M" = (Al,Li)   todos los colores

                (acroíta, rubelita, indigolita, verdelita)

  → → Dravita   M' = Na; M" = Mg   todos los colores, principalmente pardo

  → → Chorlo M'= Na; M" = Fe   negro

  → → Otras variedades con M' = Ca y M"= Fe,Mg,Al,Li (lidicoatita)

Dioptasa -Cu₆(Si₆O₁₈),6H₂O		R	verde	5	3,3

Anillo doble constituido por dos anillos de seis elementos unidos por seis oxígenos comunes, de ahí el radical en forma de anillo (Si₁₂O₃₀)¹²⁻

NOMBRE	SÍMBOLO	SIST. C.	COLOR	DUREZA	DENSIDAD
Milarita	K₂Ca₄Al₂Be₄(Si₁₂O₃₀),H₂O				
		H	incoloro a amarillo	6	2,6

4 - Inosilicatos

Los inosilicatos –un centenar de minerales– se caracterizan por un encadenamiento infinito de elementos (SiO₄) mediante oxígenos comunes. Dicho encadenamiento puede ser simple y constituir un hilo, con la fórmula $(SinO_3n)^{2n-}$, que forma los silicatos en cadenas; dos hilos pueden soldarse lateralmente por oxígenos comunes, formando así los silicatos en forma de cinta. Esta estructura cristalina favorece las facies prismáticas y aciculares. Los inosilicatos pueden constituir rocas tenaces cuando se presentan en fibras enredadas (jades).

Cuando están sumergidas en cuarzo, las fibras paralelas se pulen bien y adoptan un aspecto tornasolado (ojo de halcón, ojo de toro, ojo de hierro). Los inosilicatos son, en general, minerales bastante densos, de una dureza Mohs más bien elevada y de densidad bastante alta.

Silicatos en cadenas

Cada tipo de cadena se define por su paso, es decir, el número de motivos tetraédricos sucesivos después de los cuales un elemento tetraédrico (SiO₄) se representa según una orientación idéntica. No existe ninguna cadena de paso uno debido a las repulsiones eléctricas entre dos cationes Si^{4+}. Hay cadenas de paso dos, tres, cinco, seis y siete.

Inosilicatos en cadenas

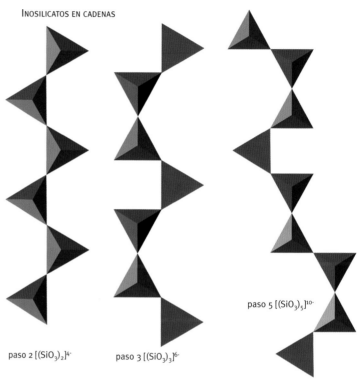

paso 2 $[(SiO_3)_2]^{4-}$ paso 3 $[(SiO_3)_3]^{6-}$ paso 5 $[(SiO_3)_5]^{10-}$

A-CADENAS DE PASO 2 (PIROXENOS): $[(SiO_3)_2]^{4-}$

- Clinopiroxenos (monoclínicos)

NOMBRE	SÍMBOLO	SIST. C.	COLOR	DUREZA	DENSIDAD
Diópsido (*mussita*)CaMg[(SiO₃)₂]					
		M	verde, gris, a veces incoloro, amarillo, azul (violeta purpúreo)	5-6	3,3
→ → Hedenbergita CaFe²⁺[(SiO₃)₂]					
		M	verde oscuro a negro	5-6	3,5-3,6
→ → Dialaga= diópsido que contiene Al³⁺ y Fe³⁺, serie hacia la fassaíta					
→ → Onfacita (Ca,Na)(Mg,Fe2+,Fe3+,Al)[(SiO3)2]					
		M	verde hierba	5-6	3,6
Augita Ca(Mg,Fe²⁺,Fe³,Al){[(Si,Al)O₃]₂}					
		M	pardo verdoso oscuro, negro	5-6	3,0-3,6
→ → Fassaíta Ca(Mg,Fe³⁺,Al){[(Si,Al)O₃]₂}					
		M	verde oscuro a verde pistacho		
Egirina (Acmita)	NaFe³⁺[(SiO₃)₂]	M	pardo, verde	6-6 1/2	3,5-3,6
Espodumena (trifana)	LiAl[(SiO₃)₂]	M	incoloro, amarillo, rosa (kunzita), verde (hiddenita)	6-7	3,2
Jadeíta (jade)	NaAl [(SiO₃)₂]	M	verde, a veces amarillo, rosa	6 1/2-7	3,4

- Ortopiroxenos (ortorrómbicos)

NOMBRE	SÍMBOLO	SIST. C.	COLOR	DUREZA	DENSIDAD
Enstatita	(Mg,Fe²⁺)[(SiO₃)₂]	O	gris, amarillo verdoso, verde oliva, pardo	5-6	3,1-3,3
→ → Hiperstena (Fe²⁺,Mg)[(SiO₃)₂]					
		O	pardo verdoso oscuro a negro	5-6	3,4-3,5
Okenita	Ca[SiO₂(OH)]₂,H₂O	T	blanco	4 1/2-5	2,3

B-Cadenas de paso 3: $[(SiO_3)_3]^{6-}$

NOMBRE	SÍMBOLO	SIST. C.	COLOR	DUREZA	DENSIDAD
Wollastonita	$Ca_3[(SiO_3)_3]$	T	gris blanquecino	4 1/2-5	2,8-2,9
Pectolita	$Ca_2Na[Si_3O_8(OH)]$	T	gris blanquecino, rosa, azul «larimar»	4 1/2-5	2,8-2,9
Serandita	$(Mn,Ca)_2Na[Si_3O_8(OH)]$	T	rosa intenso, rosa salmón	4 1/2-5	3,3

C-Cadenas de paso 5: $[(SiO_3)_5]^{10-}$

NOMBRE	SÍMBOLO	SIST. C.	COLOR	DUREZA	DENSIDAD
Rodonita	$CaMn[(SiO_3)_5]$	T	rosa, pardo, verdoso	5 1/2-6 1/2	3,6
Babingtonita	$Ca_2Fe^{2+}Fe^{3+}[Si_5O_{14}(OH)]$	T	negro vivo	5 1/2-6	3,4
Inesita	$Ca_2Mn_7[Si_5O_{14}(OH)]_2,5H_2O$		rosa anaranjado, rosa violáceo	5 1/2-6	3,0

SILICATOS EN CINTAS - ANFÍBOLAS

El grupo de los anfíboles contiene cintas constituidas por coalescencia lateral por medio de oxígenos comunes de dos cadenas de paso 2, de ahí el radical $[Si_4O_{11}]^{6-}$.

NOMBRE	SÍMBOLO	SIST. C.	COLOR	DUREZA	DENSIDAD
Tremolita	$Ca_2Mg_5[(OH)(Si_4O_{11})]_2$	M	blanco, gris, verde	5-6	2,9-3,1
→ → Actinoto	$Ca_2(Mg,Fe)_5[(OH)(Si_4O_{11})]_2$				
(jade nefrita, asbesto)		M	verde		
Hornblenda	$(Ca,Na)_{2-3}(Mg,Fe^{2+},Fe^{3+},Al)\{[(OH),F][Si_3(Si,Al)O_{11}]\}_2$	M	verde, pardo, negro vivo	5-6	3,0-3,4
Glaucofana	$Na_2Mg_2Al_3\{(OH,F)[Si_4O_{11}]\}_2$	M	azul claro	6-6 1/2	3,1
Riebeckita	$Na_2Fe^{2+}_3Fe^{3+}_2\{(OH,F)[Si_4O_{11}]\}_2$	M	azul oscuro	4	3,4
→ → Crocidolita= riebeckita asbestiforme (ojo de halcón), que se oxida y adopta un amarillo dorado (ojo de tigre)					
Plancheíta	$Cu_8\{(OH)_2(Si_4O_{11})\}_2,H_2O$				
(shattuckita)		O	azul, incoloro	5 1/2	3,3
Neptunita *$KNa_2Li(Fe^{2+},Mn)_2Ti_2(Si_4O_{12})_2$		M	negro	5-6	3,2-3,3

* considerada a veces ciclosilicato.

PREHNITA

Hojas constituidas por elementos tetraédricos (SiO_4) que forman cadenas, y elementos octaédricos (AlO_6) unidos por oxígenos comunes.

NOMBRE	SÍMBOLO	SIST. C.	COLOR	DUREZA	DENSIDAD
Prehnita	$Ca_2Al_2\{(OH)_2(Si_3O_{10})\}$	O	gris, amarillo verdoso, verde	6 1/2	2,9

Hojas constituidas por elementos (Si_2O_7) y $[Si_2O_5(OH)_2]$ unidos en cadenas por iones de titanio coalescidos posteriormente gracias a octaedros $[(Fe,Mn)O_6]$.

NOMBRE	SÍMBOLO	SIST. C.	COLOR	DUREZA	DENSIDAD
Astrofilita	$(K,Na)_3(Ca,Fe^{2+},Mn)_7(Ti,Nb,Zr)_2\{(OH,F)_3(Si_2O_7)_2[Si_2O_5(OH)_2]_2\}$	T	pardo dorado, pardo rojizo	3-3 1/2	3,3

INOSILICATOS EN CINTAS

Coalescencia de 2 cadenas de paso 2
$[Si_4O_{10}]^{6-}$

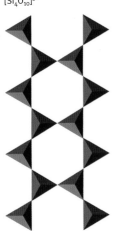

Coalescencia de 2 cadenas de paso 3
$[Si_6O_{17}]^{10-}$

5 - Filosilicatos

Los filosilicatos (del griego *phyllon*, 'hoja', y de ahí *tekton*, 'carpintero'), grupo formado por unos 150 minerales, se caracterizan por la presencia de hojas silicatadas resultantes de la coalescencia lateral de cintas de inosilicatos. Pueden obtenerse, según el tipo de cadena, hojas de simetría cuatro o seis (las más habituales). Dichas hojas están unidas entre sí por varios cationes. Esta estructura cristalina favorece una exfoliación paralela a las hojas estructurales; las hojas de exfoliación son flexibles (cloritos) y, en ocasiones, elásticas (biotita, moscovita) cuando las hojas estructurales están unidas por cationes alcalinos (Na, K), y quebradizas (margarita) cuando están unidas por alcalino-térreos (Ca). Las hojas constituidas por una cara silicatada y una magnesiana pueden curvarse y formar agujas (crisotila) a modo de lámina bimetálica utilizada como regulador térmico, y constituir asbestos (amianto), o limitarse en la superficie y formar agregados masivos (serpentina noble), en ocasiones plásticos (arcillas).

HOJAS DE SIMETRÍA CUATERNARIA

Una hoja de simetría cuaternaria proviene de coalescencias laterales, por oxígenos comunes, de cadenas de elementos (SiO_4) de paso 3, de donde resulta un radical $(Si_4O_{10})^{4-}$.

NOMBRE	SÍMBOLO	SIST. C.	COLOR	DUREZA	DENSIDAD
Apofilita	$KCa_4\{(F)(Si_4O_{10})_2\},8H_2O$	Q	incoloro, rosa, verde pálido	4 1/2-5	2,3-2,4

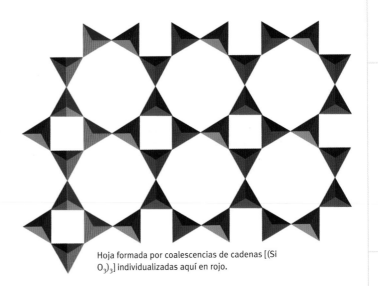

Hoja formada por coalescencias de cadenas $[(SiO_3)_3]$ individualizadas aquí en rojo.

HOJAS DE SIMETRÍA HEXAGONAL

Las hojas de simetría hexagonal provienen de coalescencias laterales, por oxígenos comunes, de cadenas de tipo piroxeno (paso 2), de donde resulta un radical $(Si_4O_{10})^{4-}$.

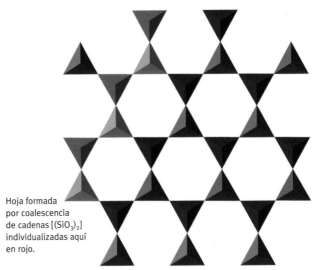

Hoja formada por coalescencia de cadenas $[(SiO_3)_2]$ individualizadas aquí en rojo.

NOMBRE	SÍMBOLO	SIST. C.	COLOR	DUREZA	DENSIDAD
Pirofilita	$Al_2[(OH)_2(Si_4O_{10})]$	M	blanco, verde pálido, gris	1-1 1/2	2,8-2,9
Talco	$Mg_3[(OH)_2(Si_4O_{10})]$	M	blanco, verde manzana, gris, pardo verdoso	1	2,7-2,8
Moscovita (Damourita)	$KAl_2[(OH,F)_2(AlSi_3O_{10})]$	M	incoloro, gris plateado, verde pálido, amarillo, rosa	2-2 1/2	2,7-3,0
↣ ↣ *Fuchsita* (moscovita cromífera)			verde esmeralda		
Flogopita	$KMg_3[(F,OH)_2(AlSi_3O_{10})]$	M	pardo amarillento, blanco	2 1/2-3	2,9
Biotita	$K(Mg,Fe)_3[(OH,F)_2(AlSi_3O_{10})]$	M	verde oscuro, pardo negruzco	2 1/2-3	2,8-3,2
↣ ↣ *Manganofilita*= biotita manganesífera, bronce a rojo cobrizo					
Lepidolita	$K(Li,Al)_3[(F,OH)_2(AlSi_3O_{10})]$	M	rosa intenso, violeta, amarillo pálido, blanco nacarado	2 1/2-3	2,8-3,0
Zinnwaldita	$KLiFe^{2+}Al[(F,OH)_2(AlSi_3O_{10})]$	M	violeta claro, amarillo a pardo, gris oscuro	2 1/2-4	2,8-3,3
Protovermiculita $\{Mg_2(Mg_{0,7}Fe^{3+}_{0,3})[(OH)_2(AlSi_3O_{10})]\}^{0,66-}/\{Mg_{0,33},4H_2O\}^{0,66+}$ (las hojas con carga eléctrica están neutralizadas por iones interfoliares)		M	pardo a amarillo bronceado	1-1 1/2	2,4
Margarita	$CaAl_2[(OH)_2(Al_2Si_2O_{10})]$	M	blanco nacarado vivo, amarillento, gris	4	3,0-3,1
Cloritos (alternancia de hojas aluminosilicatadas y magnesianas)	$(Mg,Al,Fe)_3[(OH)_2(AlSi_3O_{10})]/Mg_3(OH)_6$			2-2 1/2	2,6-3,0
■ **Cloritos magnesianos:**					
↣ ↣ ↣ Clinocloro (pennina)	$(Mg,Al)_3[(OH)_2(AlSi_3O_{10})]/Mg_3(OH)_6$	M	verdes	2-2 1/2	2,7-2,8
↣ ↣ ↣ ↣ *ripidolita*= clinocloro ferrífero		M	verdes	1-2	2,8-3,0
■ Leptocloritos (cloritos ferri-ferrosos):					
↣ ↣ ↣ *Aerinita*= Leptoclorito azul calcífero					
↣ ↣ ↣ *Chamosita* $(Fe^{2+},Fe^{3+})_3[(OH)_2(AlSi_3O_{10})]/(Fe^{3+},Mg)_3(O,OH)_6$		M	gris verdoso a negro	3	3,0-3,4
↣ ↣ ↣ ↣ *Turingita* $(Fe^{2+},Fe^{3+},Al)_3[(OH)_2(Al_{1,2-2}Si_{2,8-2}O_{10})]/(Mg,Fe^{2+},Fe^{3+})_3(O,OH)_6$		M	verde pistacho	3 1/2	3,35
– Cloritos cromíferos:					
↣ ↣ ↣ *Kammererita*, $(Mg,Cr)_{\leftarrow 3}[(OH)_2(AlSi_3O_{10})]/Mg_3(OH)_6$		M	violeta a lavanda, rojo bermellón	2-2 1/2	2,6-2,8
Nacrita	$Al_4[(OH)_8(Si_4O_{10})]$	M SeudoR	blanco	2-2 1/2	2,6
Caolinita	$Al_4[(OH)_8(Si_4O_{10})]$	T	blanco	2-2 1/2 a 1 (agregados)	2,6
Serpentinas	$Mg_6[(OH)_8(Si_4O_{10})]$	M	verdes, pardos, amarillentos	3-4	2,5-2,6
■ Antigorita - serpentina laminar					
↣ ↣ Garnierita (*numeita*)=antigorita niquelífera/(mineral garnierítico)					
■ Crisotilo (asbesto) - serpentina fibrosa					
Pirosmalita	$(Mn,Fe)_8[(OH,Cl)_{10}(Si_6O_{15})]$	R	gris, amarillo verdoso, verde oliva	4	3,2
Friedelita	$Mn_8(OH,Cl)_{10}(Si_6O_{15})$	R	rosa oscuro	4 1/2	3,1
Girolita (zeofilita)	$Ca_2(Si_4O_{10}),4H_2O$	H	blanco, amarillo verdoso, pardo	3-4	2,4

Hauyna (ultramar).

6 - Tectosilicatos

Unos 100 minerales constituyen la clase de los tectosilicatos (del griego *teykô*, 'construyo'), que son el resultado de construcciones tridimensionales de entidades (XO_4), donde X representa el silicio Si^{4+}, así como el aluminio Al^{3+}. Dichos minerales contienen grandes vacíos estructurales donde pueden alojarse grandes elementos; suelen ser claros, poco densos, de una dureza Mohs más bien reducida (entre 4 y 6).

ALUMINOSILICATOS SIN ANIONES EXTRAÑOS

NOMBRE	SÍMBOLO	SIST. C.	COLOR	DUREZA	DENSIDAD
Nefelina	$KNa_3(AlSiO_4)$	H	incoloro, amarillo, verde, rojo pálidos	5 1/2-6	2,6
Analcima	$Na(AlSi_2O_6),H_2O$	C	blanco, rosa, verde pálido	5 1/2	2,3
Leucita	$K(AlSi_2O_6)$	QseudoC	blanco, gris	5 1/2-6	2,5
Polucita	$(Cs,Na)(AlSi_2O_6),H_2O$	C	incoloro	6 1/2	2,9
Feldespatos					
Sanidina	$(K,Na)[(AlSi)Si_2O_8]$	M	incoloro, amarillo pálido	6	2,6
Ortosa (adularia)	$K(AlSi_3O_8)$	M	incoloro, amarillo, rosa, rojo	6	2,5-2,6
Microclina	$K(AlSi_3O_8)$	T	incoloro, amarillento, verde azulado (amazonita)	6	2,5-2,6
Hialofana	$(K,Ba)[Al(Al,Si)Si_2O_8]$	M	incoloro	6	2,8-3,3
Albita	$Na(AlSi_3O_8)$	T	incoloro, azul, verde, rojo pálidos	6	2,62
↣ ↣ **Plagioclasa**	$(Na,Ca)_{2-1}[Al_{1-2}Si_{3-2}O_8]$	T	incoloro, amarillo pálido		
↣ ↣ **Labradorita**	$(Ca,Na)_{1-2}(Al_{2-1}Si_{2-3}O_8)$	T	incoloro, amarillo, iridiscencias		
↣ ↣ **Anortita**	$Ca(Al_2Si_2O_8)$	T	incoloro, verde, rojo pálidos	6	2,76
Danburita	$Ca(B_2Si_2O8)$	O	incoloro, amarillo, naranja	7-7 1/2	3,0

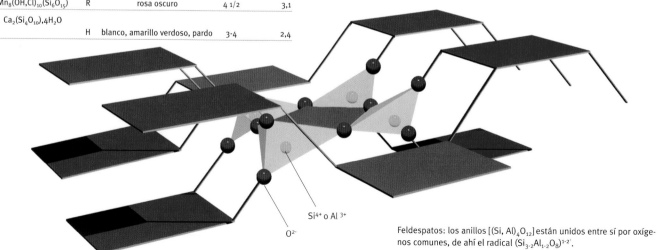

Feldespatos: los anillos $[(Si,Al)_4O_{12}]$ están unidos entre sí por oxígenos comunes, de ahí el radical $(Si_{3-2}Al_{1-2}O_8)^{1-2-}$.

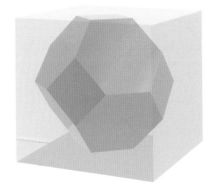

Ultramar
Celdas de cubooctaedro
$[Al_6Si_6O_{24}]^{6-}$.

ALUMINOSILICATOS QUE CONTIENEN ANIONES EXTRAÑOS

Ultramares

NOMBRE	SÍMBOLO	SIST. C.	COLOR	DUREZA	DENSIDAD
-Sodalita	$Na_8[Cl_2(AlSiO_4)_6]$	C	incoloro, gris, amarillo, azul grisáceo, azul	5 1/2	2,2
→ → Hauyna	$(Na,Ca)_{8-4}(SO_4)_{2-1}(AlSiO_4)_6]$	C	azul, gris	5 1/2	2,5
→ → Lazurita (lapislázuli)	$(Na,Ca)_{8-4}\{[(SO_4),S,Cl]_{2-1}[AlSiO_4]_6\}$	C	azul oscuro	5-5 1/2	2,4
Escapolitas (werneritas)		Q	blanco, todos los colores pálidos		
-Marialita	$Na_8\{[Cl_2,(SO_4),(CO_3)][AlSi_3O_8]_6\}$			5	2,6
→ → Meionita	$Ca_8\{[Cl_2,(SO_4),(CO_3)]_2[Al_2Si_2O_8]_6\}$			6	2,8
Sarcolita (oxiescapolita)	$(Ca,Na)_8\{[O_2][Al(Al,Si)Si_2O_8]_6\}$	Q	gris, rosa	6	2,6-2,9

ZEOLITAS: ALUMINOSILICATOS CON AGUA ZEOLÍTICA

Una trama silicoaluminada rígida, pero principalmente de canales abiertos en el exterior, constituye la estructura de base de las zeolitas; unos cationes hidratados ubicados en dichos canales (Ca^{2+}, Na^+ y H_2O) equilibran eléctricamente dicha trama. El agua de los canales estructurales puede ser expulsada o reintroducida según el grado higrométrico del entorno; durante esos trayectos reversibles, pueden producirse distintos intercambios iónicos (principalmente entre Ca y Na), de ahí la utilización de las zeolitas para ablandar el agua. Las zeolitas se clasifican según el tipo de su trama silicatada, fibrosa, laminar o poliédrica.

A-ZEOLITAS ACICULARES

La trama está constituida por cadenas formadas por una serie de anillos de cuatro entidades (SiO_4) unidas entre sí por una quinta entidad (SiO_4) por oxígenos comunes, y en coalescencia, también por oxígenos comunes, que generan el radical $(Al_2Si_3O_{10})^{2-}$.

NOMBRE	SÍMBOLO	SIST. C.	COLOR	DUREZA	DENSIDAD
Natrolita (Mesotipo)	$Na_2(Al_2Si_3O_{10}),2H_2O$	O	incoloro, amarillento, rosa	5-5	2,2-2,3
→ → Escolecita	$Ca(Al_2Si_3O_{10}),3H_2O$	M	incoloro	5-5 1/2	2,2-2,4
→ → Mesolita	$Na_2Ca_2(Al_2Si_3O_{10})_3,8H_2O$	M	incoloro	5	2,3
Thomsonita	$NaCa_2[Al_2(Al,Si)Si_2O_{10}]_2,6H_2O$	O	blanco níveo, verde, pardo	5-5 1/2	2,3-2,4
Gonnardita	$(Ca,Na)_3[(Al,Si)_5O_{10}]_2,6H_2O$	O	blanco	4 1/2	2,3
Laumontita	$Ca[AlSi_2O_6]_2,4H_2O$	M	blanco, amarillo, rojo	3 1/2	2,2-2,4

B-ZEOLITAS LAMINARES

La trama está constituida por hojas silicatadas en coalescencia por oxígenos comunes, que generan el radical $(Al_2Si_7O_{18})^{2-}$, parecido al de las micas.

NOMBRE	SÍMBOLO	SIST. C.	COLOR	DUREZA	DENSIDAD
Heulandita	$Ca(Al_2Si_7O_{18}),6H_2O$	M	incoloro, rojo	3 1/2-4	2,2
Estilbita	$Ca(Al_2Si_7O_{18}),7H_2O$	M	blanco, amarillo, rosa, pardo	3 1/2-4	2,1-2,2

C-ZEOLITAS ISOMÉTRICAS

La trama está constituida por jaulas poliédricas de 20 lados o bien cubicooctaédricas formadas por los vacíos dejados por las uniones de los oxígenos comunes de anillos hexagonales –silicoaluminados dobles de tipo milarita (cf. *supra*, ciclosilicatos, § D), de ahí el radical $(Al_2Si_4O_{12})^{2-}$.

NOMBRE	SÍMBOLO	SIST. C.	COLOR	DUREZA	DENSIDAD
Chabasita	$(Ca,Na2)(Al_2Si_4O_{12}),6H_2O$	R	blanco, rojo carne	4 a 5	2,1
Filipsita	$KCa(Al_3Si_5O_{16}),6H_2O$	M	blanco, a veces rojizo	4-4 1/2	2,2
-Harmotoma	$Ba(Al_2Si_6O_{16}),6H_2O$	M	blanco, amarillo, rojo, pardo	4 1/2	2,4-2,5
Gismondita	$Ca(Al_2Si_2O_8),4H_2O$	M	incoloro, azulado, rojizo	4 1/2	2,3

7 - Sílice

La sílice es el óxido de silicio SiO_2 y, por lo tanto, algunos mineralogistas lo clasifican como tal en la clase de los óxidos. Sin embargo, también puede considerarse una construcción de entidades (SiO_4) cada una de las cuales ha puesto en común sus cuatro oxígenos con sus cuatro vecinos, y de ese modo representan el resultado último de los silicatos. Ocho disposiciones de trama SiO_2, que dan lugar a ocho minerales, entre ellos los tres cuarzos (romboédrico derecho, izquierdo y hexagonal), son las más frecuentes.

NOMBRE	SÍMBOLO	SIST. C.	COLOR	DUREZA	DENSIDAD
Cuarzo	SiO_2	R/H	incoloro, todos los colores	7	2,65
cristal de roca: incoloro					
amatista: violeta					
citrino: amarillo					
cuarzo ahumado: pardo					
cuarzo hematoide: rojo					
cuarzo con inclusiones: tornasolado (ojo de halcón, ojo de tigre), aventurinado, etc.					
Calcedonia - cuarzo cristalino - SiO_2 -			todos los colores	6-7	2,6
calcedonia común: gris blanquecino, amarilla					
calcedonia azul: azul (rara; a menudo es calcedonia teñida artificialmente)					
crisoprasa: verde					
cornalina: roja					
sardónice: pardo					
ónix: negro					
Ágata - calcedonia festoneada					
Jaspe - cúmulos de caledonia ornamentales - todos los colores					
Lussatita (cristobalita calcedoniosa)	(SiO_2)	Q	incoloro	6-7	2,3
Tridimita	SiO_2	O	incoloro	7	2,33
Ópalo	SiO_2,nH_2O	amorfo	todos los colores con o sin iridiscencias	5 1/2-6 1/2	1,9-2,3

sin iridiscencias: ópalo común (opalescente); ópalo rosa= *quincita*

con iridiscencias: ópalo noble (arlequina, negra, con destellos, etc.)

Crisocolo (ópalo cuprífero)	$Cu(SiO_3),nH_2O$		encostramientos azul a azul verdoso, pardo oscuro	2 a 4	2,0 a 2,4

IX - Minerales orgánicos

Los minerales orgánicos son compuestos carbonados. Hay unas 30 especies minerales orgánicas definidas que pueden clasificarse, por una parte, como sales de ácidos orgánicos y, por otra, como hidrocarburos sólidos y resinas.

1 - Sales de ácidos orgánicos

NOMBRE	SÍMBOLO	SIST. C.	COLOR	DUREZA	DENSIDAD
Whewellita	$Ca(C_2O_4),H_2O$	M	incoloro	2 1/2-3	2,2
Melita	$Al_2\{(C_6(COO)_6\},18H_2O$	Q	amarillo céreo	2-2 1/2	1,5-1,65

2 - Resinas

NOMBRE	SÍMBOLO	SIST. C.	COLOR	DUREZA	DENSIDAD
Ámbar	Hidrocarburo vegetal (aprox. 78% C, 10% H, 11% O, indicios de S)				
(succino)		amorfo	amarillo miel a pardo	1 1/2-3	1,08

ÍNDICE

Créditos fotográficos

Todas las fotografías son de Hervé Chaumeton, excepto las que aparecen en las páginas siguientes:

p. 7: Berthoule/NATURE (centro); **p. 9: 3** Berthoule/NATURE, **7-8-9** Asselborn/NATURE, J.-P. Poirot (arriba izquierda y derecha); **p. 10:** Asselborn/NATURE (abajo centro derecha, abajo derecha); **pp. 12-13: 2-3-4** Asselborn/NATURE; **pp. 14-15: 1** Asselborn/NATURE, **4** Berthoule/NATURE; **pp. 16-17: 1-2-5-6-7** Asselborn/NATURE; **pp. 18-19: 1-8** Asselborn/NATURE, **9** NATURE; **pp. 20-21: 6** Asselborn/NATURE; **pp. 22-23: 2** NATURE, **3** Asselborn/NATURE; **pp. 24-25: 5-6-7** Asselborn/NATURE, **12** Lanceau/NATURE; **pp. 26-27: 1** NATURE; **pp. 28-29: 2-3-7-9** Asselborn/NATURE; **pp. 30-31: 3-6-8** Asselborn/NATURE, **5** Berthoule/NATURE; **pp. 32-33: 2** Asselborn/NATURE; **pp. 34-35: 1-2-4-6** Asselborn/NATURE; **pp. 36-37: 1** Berthoule/NATURE, **2-6** Asselborn/NATURE; **pp. 38-39: 2-3-4-5-6-7** Asselborn/NATURE; **pp. 40-41: 2-3-6-7-8** Asselborn/NATURE; **pp. 42-43: 1-3-4-7-8** Asselborn/NATURE; **pp. 44-45: 1** Berthoule/NATURE, **3-4** Asselborn/NATURE; **pp. 46-47: 1-6** Asselborn/NATURE, **4-7-8** Berthoule/NATURE, **5** Lanceau/NATURE; **pp. 48-49: 5-9** Asselborn/NATURE; **pp. 50-51: 2** Asselborn/NATURE; **pp. 52-53: 4-7** Asselborn/NATURE; **pp. 54-55: 2-8** Asselborn/NATURE; **pp. 56-57: 3-5-7-10** Asselborn/NATURE; **pp. 58-59: 2-4-7-8** Asselborn/NATURE, **5** Berthoule/NATURE; **pp. 60-61: 1-2** Asselborn/NATURE; **pp. 64-65: 1-2-6-7** Asselborn/NATURE; **pp. 66-67: 1** Lanceau/NATURE, **2-3-8** Asselborn/NATURE; **pp. 68-69: 1-3-6** Asselborn/NATURE; **pp. 70-71: 1-3-5** Asselborn/NATURE; **pp. 72-73: 2-3-4-6** Asselborn/NATURE; **pp. 74-75: 2-6-8-9** Asselborn/NATURE, **3-4-5-10** Berthoule/NATURE; **pp. 76-77: 1-5** Berthoule/NATURE; **pp. 78-79: 3-5-6-7-8-9** Asselborn/NATURE; **pp. 80-81: 3-5-10** Asselborn/NATURE ; **pp. 82-83: 3-6** Berthoule/NATURE; **pp. 84-85: 2** Berthoule/NATURE, **3-6** Asselborn/NATURE; **pp. 86-87: 2** Lanceau/NATURE, **5** Asselborn/NATURE, **6** Berthoule/NATURE; **pp. 88-89: 2-4-7** Berthoule/NATURE; **pp. 90-91: 1-4** Asselborn/NATURE; **pp. 92-93: 1-4** Asselborn/NATURE, **5** Sauer/NATURE; **pp. 94-95: 2-3** Berthoule/NATURE, **5-6** Asselborn/NATURE; **pp. 96-97: 2-5-6** Asselborn/NATURE; **pp. 98-99: 1** Bignon/NATURE, **2** Asselborn/NATURE; **pp. 100-101: 1-2-4-5-7** Asselborn/NATURE; **pp. 102-103: 7** Berthoule/NATURE; **pp. 104-105: 1-3-4-6** Berthoule/NATURE, **2-7** Asselborn/NATURE; **pp. 106-107: 2-4-8** Asselborn/NATURE, **3** Berthoule/NATURE; **pp. 108-109: 1** Asselborn/NATURE, **5** Lanceau/NATURE, **6** NATURE; **pp. 110-111: 1** Asselborn/NATURE; **pp. 112-113: 1-2-3-6** Asselborn/NATURE; **pp. 114-115: 1-2-3** Asselborn/NATURE; **pp. 116-117 : 1-7** Asselborn/NATURE, **5** Berthoule/NATURE; **pp. 118-119: 2-3** Asselborn/NATURE; **pp. 120-121: 2-7** Asselborn/NATURE; **pp. 122-123: 1-6** Berthoule/NATURE, **5-7** Asselborn/NATURE; **pp. 124-125: 1-3-5-6** Asselborn/NATURE; **pp. 126-127: 2-5** Asselborn/NATURE; **pp. 128-129: 2-3-4-6-7** Asselborn/NATURE; **pp. 130-131: 2-3-4-5-6** Asselborn/NATURE; **pp. 132-133: 1-2-5-9-10** Asselborn/NATURE; **pp. 134-135: 1-2-3-4-5-7** Asselborn/NATURE; **pp. 136-137: 1-3** Asselborn/NATURE; **pp. 138-139: 1-2-3-4-6-7-8** Asselborn/NATURE; **pp. 140-141: 1-2-4-5-6** Asselborn/NATURE; **pp. 142-143: 3-4-5** Asselborn/NATURE; **pp. 144-145: 1-6-7** Asselborn/NATURE; **pp. 146-147: 1-6** Asselborn/NATURE; **pp. 148-149: 2-3-4-5-6** Asselborn/NATURE; **pp. 150-151: 1** Berthoule/NATURE, **2-4-6** Asselborn/NATURE; **pp. 152-153: 3-5** Asselborn/NATURE; **pp. 154-155: 2-3-6-8** Asselborn/NATURE; **pp. 156-157: 1-2-3-4-5** Asselborn/NATURE, **6** Lanceau/NATURE; **pp. 158-159: 3-4-5-7** Asselborn/NATURE; **pp. 160-161: 2-4-5-7** Asselborn/NATURE, **6** Berthoule/NATURE; **pp. 162-163: 6** Asselborn/NATURE; **pp. 164-165: 2-3-4-5** Asselborn/NATURE; **pp. 166-167: 1-4** Berthoule/NATURE, **2-3-6-7** Asselborn/NATURE; **pp. 168-169: 5-6** Asselborn/NATURE; **pp. 170-171: 1** Asselborn/NATURE, **2-5** Berthoule/NATURE; **pp. 174-175: 3-4** Asselborn/NATURE; **pp. 176-177: 3-4** Asselborn/NATURE; **pp. 178-179: 3-4-7** Asselborn/NATURE; **pp. 180-181: 5-8** Asselborn/NATURE; **pp. 182-183: 1-2-5-7** Asselborn/NATURE, **4** Berthoule/NATURE; **pp. 184-185: 2-7** Asselborn/NATURE; **pp. 186-187: 3-4** Asselborn/NATURE; **pp. 188-189: 2-5** Asselborn/NATURE; **pp. 190-191: 4** Asselborn/NATURE; **pp. 192-193: 1-8** Berthoule/NATURE ; **pp. 194-195: 2** Asselborn/NATURE, **7-8** Berthoule/NATURE; **pp. 198-199: 6** NATURE; **pp. 204-205: 2-3-5-7** Asselborn/NATURE; **pp. 206-207:** todas las fotografías son de J.-P. Poirot, excepto la **18** y la **19**, que son de Kenneth Scarrat.